现代企业车间管理

主编 吴振芳
主审 刘庆教

苏州大学出版社

图书在版编目(CIP)数据

现代企业车间管理／吴振芳主编. —苏州：苏州大学出版社，2022.12
 ISBN 978-7-5672-3998-2

Ⅰ.①现… Ⅱ.①吴… Ⅲ.①车间管理-高等职业教育-教材　Ⅳ.①F406.6

中国版本图书馆 CIP 数据核字(2022)第 228955 号

内容简介

车间是制造类企业的基层单位,企业经营的方方面面都会在车间里体现。销售部门签订的订单,技术部门设计的图纸和工艺,物料部门采购的零部件和原材料,要在车间里完美结合才能按时、按量、按质生产出满足顾客要求的产品。公司运营中需要控制的产值指标、交货期指标、质量指标、成本指标、安全指标、环保指标都要在车间的管理活动中实现。

本书从车间的生产运作管理、物料管理、工艺技术管理、设备管理、质量管理、职业健康安全及环境管理、成本管理、员工绩效管理和现场管理等方面对车间管理的各项职能进行了详细的讲解。

本书可帮助学生实现零距离就业,从车间管理做起,成就一生的事业。

本书适合制造类专业高职高专院校教学使用,也可作为企业在职基层管理人员的业务参考书及培训教材。

书　　名：	现代企业车间管理
主　　编：	吴振芳
责任编辑：	徐　来
装帧设计：	吴　钰
出版发行：	苏州大学出版社
社　　址：	苏州市十梓街 1 号　邮编：215006
印　　装：	镇江文苑制版印刷有限责任公司
网　　址：	www.sudapress.com
邮　　箱：	sdcbs@suda.edu.cn
邮购热线：	0512-67480030
销售热线：	0512-67481020
开　　本：	787 mm×1 092 mm　1/16　印张：10.5　字数：237 千
版　　次：	2022 年 12 月第 1 版
印　　次：	2022 年 12 月第 1 次印刷
书　　号：	ISBN 978-7-5672-3998-2
定　　价：	30.00 元

凡购本社图书发现印装错误,请与本社联系调换。服务热线:0512-67481020

前言

车间是制造型企业内部组织生产的基本单位,由若干工段及班组构成。一般在企业的组织机构中,车间是和各职能管理部门平行的层级,但车间要完成自己的职责又离不开各职能管理部门的专业管理,车间是整个企业的信息流、物流、人流、资金流的汇集地。车间管理绩效的高低直接决定着企业的经营效果。因此,在现代企业管理中,车间管理的作用日益突出,强化车间管理,提高车间管理者素质,是每个企业的当务之急。

车间管理的好坏直接影响产品"产值、交货期、质量、成本、安全、环保"各项指标的完成,伴随着微利时代的到来和组织结构趋向扁平化的今天,车间管理在企业中将扮演愈加重要的角色。车间管理者们承担着车间管理和生产过程控制的重任,需要对现场的进度、质量、成本、人员等要素进行有效的管理,还需协同其他部门共同处理现场的各种问题。

然而车间管理人员常常面临以下问题:产品进入装配阶段时才发现有的零件还没有下料投产;生产进度安排时经常发现有些瓶颈工序严重影响整个产品的生产进度,却无法解决;产品品种多,计划变化频繁,生产任务忽高忽低,车间疲于应对;生产过程不稳定,机器故障和产品质量问题常常发生,严重影响进度和成本;现场混乱,人浮于事,存在很大的安全隐患,车间主任每天提心吊胆;现场出问题后,相互指责、推脱,事情一误再误,车间主任焦头烂额。

针对以上问题,本书作者利用近三十年的企业生产一线管理经验,通过对车间的生产运作管理、物料管理、工艺技术管理、设备管理、质量管理、职业健康安全及环境管理、成本管理、员工绩效管理和现场管理等方面的原理和方法进行详细的阐述,全方位剖析了车间管理的各项职能,为车间管理者高效、高质地开展车间管理工作提供了很好的理念和方法。

由于编者水平有限,难免有疏漏和不妥,请读者和各位同仁提出宝贵建议。

衷心希望本书能让你对车间管理具有初步的认识,能对你的学习和以后的工作起到帮助。

目录

模块一　现代企业车间管理概论　/ 1

模块二　车间生产运作管理　/ 11

模块三　车间物料管理　/ 31

模块四　车间工艺技术管理　/ 44

模块五　车间设备管理　/ 60

模块六　车间质量管理　/ 72

模块七　车间职业健康安全及环境管理　/ 96

模块八　车间成本管理　/ 112

模块九　车间员工绩效管理　/ 127

模块十　车间现场管理　/ 137

参考文献　/ 164

模块一

现代企业车间管理概论

【主要能力指标】

　　了解企业的要素、特征及目标。

　　熟悉管理的四项职能。

　　掌握车间管理的概念。

【相关能力指标】

　　能够也乐于与他人讨论、分享成果。

　　能够利用网络、图书馆等渠道收集资料，学会学习。

　　企业是社会经济系统的基本单位。从社会发展的历史进程来看，企业的产生晚于管理。随着人类社会的不断进步，管理在企业经营中的作用越来越重要，并在丰富的管理实践基础上，形成了现代企业制度。而良好的企业经营机制结合现代企业制度运用到企业管理中，进一步优化了企业的资源配置，提高了企业的整体绩效。

一、企业概述

1. 企业的概念

企业是指以营利为目的，运用各种生产要素（土地、劳动力、资本、技术和信息），从事生产、流通、服务等经济活动，向市场输出产品和服务的合法的社会经济组织。它是依法成立，自主经营，独立享受权利和承担义务的法人型或非法人型经济组织。

2. 企业要素

作为一个企业，必须具备以下一些基本要素：

（1）拥有一定数量、一定技术水平的生产设备和资金。

（2）具有开展一定生产规模和经营活动的场所。

（3）具有一定技能、一定数量的生产者和经营管理者。

（4）从事社会商品的生产、流通、服务等经济活动。

3. 企业特征

企业具有如下一些特征：

（1）企业是以营利为目的的经济组织。

（2）企业应该依法设立，独立享有民事权利，承担民事义务。

（3）企业应该实行独立核算、自负盈亏、自我约束、自我发展。

（4）企业是从事生产经营活动的社会经济单位。

4. 企业目标

企业的目标具有双重性，追求经济效益（获取利润）和社会效益（满足社会需要）的统一。

5. 企业与市场、政府的关系

（1）企业与市场的关系。企业依存于市场，又反过来影响市场。企业不仅在市场上购买原料，而且还在市场上销售产品。因此，企业的行为受市场结构的影响，而市场结构反过来又影响企业行为。企业行为构成市场行为，市场行为和市场结构的变化就要制约和影响市场效果，市场效果的好坏标志着资源配置的优劣，进而影响未来的市场结构和企业市场行为。三者之间存在着相互制约的关系，从而构成企业与市场关系的总和。

（2）企业与政府的关系。在完全竞争的市场经济条件下，企业作为商品经济的生产者和经营者，与政府最直接的关系是必须依法照章向政府纳税。另外，政府的经济发展战略、宏观经济政策和经济监督等行为对企业将产生各种影响，鼓励、引导、规范企业的发展，这是企业与政府的间接关系。

6. 企业的产生和发展

企业是社会生产力发展到一定阶段的产物，是商品生产与商品交换的结果。企业随着人类社会的进步、生产力的发展、科学技术水平的提高而不断地发展进步。企业的发展经历了以下几个时期：

（1）手工业生产时期。这一时期主要是指从封建社会的家庭手工业到资本主义初期的工场手工业阶段。此时生产者大多是具有一定技能的专业劳动者。

（2）工厂生产时期。这一时期主要指资本主义由初期的工场手工业阶段进入工厂生产时期。随着资本主义制度的发展，西方各国相继进入工业革命时期，工场手工业逐步发展直至建立工厂制度，作为真正意义上的企业到这时才诞生。

（3）企业生产时期。从工厂生产过渡到企业生产的时期，正是作为社会经济基本细胞的企业最后确立和形成的时期。工厂制度的建立，符合当时生产力发展的要求，因而得到了迅猛发展。特别是19世纪末至20世纪初，随着自由资本主义向垄断资本主义过渡，工厂制度从管理制度到生产规模都发生了一系列变化。

目前，随着世界性的新技术革命的发展，科学技术一系列巨大成果迅速而有成效地应用到社会和经济发展的各个方面，产生了一系列全新的市场需求，开拓出一系列全新的经济领域，促使一大批现代新兴企业蓬勃崛起，它们代表着现代企业发展的方向，显示出无穷的生机和活力。

7. 企业类型

在市场经济条件下，企业作为微观经济的基本单位，有一定法律形式下自主经营和发展所必需的各种权利和义务。企业的法律形式有多种，具体可归纳为以下几种：

（1）按不同的企业制度划分，可分为个人业主制企业、合伙制企业和公司制企业三种基本类型。个人业主制企业一般为小规模的独资企业。合伙制企业是由两个或两个以上的个人共同投资的企业。公司制企业的主要形式是有限责任公司和股份有限公司。

（2）按所属产业类型划分，分为第一产业、第二产业和第三产业。第一产业主要指生产食材及其他一些生物材料的产业。第二产业主要指加工制造产业。第三产业是指第一、第二产业以外的其他行业，主要是指服务性行业。

（3）按占用资源的集约度来划分，可分为劳动密集型企业、资金密集型企业、技术密集型企业和知识密集型企业。

（4）按企业规模划分，可分为超大型企业、大型企业、中型企业、小型企业和微型企业。

（5）按使用技术的先进程度划分，可分为高新技术企业和传统技术企业。

（6）按企业所在产业的基本形态及其生产与市场特点划分，可分为公益型企业、垄断型企业、竞争型企业和新兴企业。

二、管理综述

管理是人类各种组织活动中最普通、最重要的一种活动，管理活动始于人类群体生活中的共同劳动。

1. 管理

管理是指通过综合运用各种资源，有效地实现组织目标的活动过程。具体来说，管理是指在特定的环境条件下，以人为中心，通过计划、组织、指挥、协调、控制及创新等手段，对组织所拥有的人力、物力、财力、信息等资源进行有效的决策、计划、组织、领导、控制，以期高效地达到既定组织目标的过程。

它包括三个层次的含义：

（1）管理的内容是协调。协调就是使组织中的各个部门、各种资源、各个成员之间相互配合地开展各种活动。一方面，由于资源（人力、时间、资金、物资、信息、技术、企业家才能等）相对于人类的欲望来说是稀缺的，为实现目标，必须充分利用有限的资源；另一方面，每个部门由许多人组成，而每个人又都有自己的利益，需要通过管理来协调，使个人利益同组织利益一致。

（2）管理的实质是一种手段。管理的实质是人们为实现某一特定目标而采用的一种手段。人类活动的显著特征之一就是活动的目的性。管理有助于人们确立和实现组织目标和个人目标。管理本身不是目的，而是人们用于实现一定目标的一种手段。

（3）管理的作用在于其有效性。所谓有效的管理，就是在做事时既要讲效率，又要讲效益。效率（Efficiency）是指投入与产出的关系，它是管理重要的组成部分。管理就是要使资源成本最小化、效率最大化。效益（Effectiveness）是指组织活动的结果。如果管理者实现了组织的既定目标，说明工作是有效益的。效率与效益相互联系。效率涉及活动方式，解决了如何做的问题，它要求选择合适的行动方法和途径，比较经济地实现既定目标；而效益涉及活动结果，解决了做什么的问题，它要求确定正确的目标。

2. 管理职能

管理有四项职能：计划职能、组织职能、领导职能、控制职能。

（1）计划职能。计划是指合理地使用现有的资源，有效地把握未来的发展，以组织目标的实现为目的，一系列预测未来、确立目标、决定政策、选择方案的行动过程。

计划职能处于各职能的首要位置，围绕着组织目标展开。计划职能涵盖了管理的各个方面。

计划职能的具体内容包括调查和分析组织的外部环境和内部条件，预测和分析组织未来情况变化，制定组织目标，拟订实现计划目标的方案并做出决策，编制组织的综合计划和各部门的具体计划，以及实现计划的行动方案和步骤。

计划的类型多种多样，按组织的范围分，一般分为战略计划与战术计划；按时间长短分，一般有中长期计划、年度计划、季度计划、月度计划，以及旬、日、班次计划；按业务分，一般可分成销售计划、生产计划、财务计划、人事计划、物资计划、设备计划和技术计划等。

（2）组织职能。组织的基本含义是"有序"。组织用作名词，是指有序的组织实体；而用作动词，是指使事物从无序到有序，或从旧序到新序的过程。

组织职能的内容包括：组织设计，即决定各部门人员的义务、责任与权限范围，完成组织的架构；组织联系，即合理确定组织中各个部分之间的相互关系，并借助这种关系使组织各部分发挥协调的功效，建立信息沟通的渠道；组织运作，第一步是下达组织命令，第二步是根据命令实施，第三步是对活动的情况进行反馈。

（3）领导职能。领导一词通常有两种含义：一是领导者，即组织中的首领；二是领导力，即领导者影响集体和个人以达到组织目标的能力。

权力是领导的基础。领导者影响下属的心理与行为主要靠两个方面的权力：一是职位权力，这种权力是由领导者在组织中所处的位置决定的，由上级和组织赋予，并随职务的变动而变化；二是非职位权力，即个人权力，这种权力产生于领导者自身的某些特殊条件，来自个人魅力。

领导的作用包括指挥作用、协调作用、激励作用。在社会组织中，要使每一个职工都保持旺盛的工作热情、最大限度地发挥他们的工作积极性，必须要有通情达理、关心群众的领导者来为他们排忧解难，激发和鼓舞他们的斗志，发掘、充实和加强他们积极进取的动力。

（4）控制职能。控制是指由管理人员对实际运作是否符合计划要求进行测定，并促使组织目标达成的过程。

控制既是计划的延续，又是改进计划的手段。

控制有三种类型：一是预先控制，指在整个过程中预先集中于系统输入端的控制；二是同步控制，指当工作正在进行的过程中所实施的控制活动；三是反馈控制，指工作或一项活动完成后所进行的控制活动。

3. 管理者

管理者泛指那些必须在工作中运用自己的职位和知识，做出影响整体行为和成果的决策的知识工作者、经理人员和专业人员。

任何组织中的成员都可以简单地分为两类：操作者和管理者。前者是指在组织中直接从事具体业务且对他人的工作不承担监督职责的成员，如工人、营业员、医生、教师；后者指在组织中指挥他人完成具体任务的人。

在一个组织中有许多管理者，他们的责任、权限不同，其地位和所起的作用也不同。按其在组织中所处的地位，管理者可分为高层管理者、中层管理者和基层管理者。

（1）管理者的工作内容。它包括制定目标（制定组织、部门和个人目标），组织协调下属工作，激励下属，与下属沟通，衡量并判断下属工作，培养他人（包括自己）。

（2）管理者应具备的基本素质。素质是指一个人在政治、思想、作风、道德品质和知识、技能等方面，经过长期锻炼、学习达到的一定水平。一般要求管理者具备品德素质、知识素质、基本技能和体能素质。

① 品德素质。品德体现一个人的世界观、人生观、价值观、道德观和法制观，是推动个人行为的主观力量，决定一个人的工作愿望和干劲。

② 知识素质。知识是提高管理者素质的根本和源泉。知识素质是指管理者做好工作所必须具备的基础知识与专业素质。

③ 基本技能。技能也称能力，是管理者把各种业务知识应用于实践，解决具体实际问题的本领。

④ 体能素质。在工作中，管理者不仅需要具有足够的心智，而且要消耗大量的体力，因此管理者必须要有强健的体魄和充沛的精力。

（3）管理者应具备的能力。现代企业对管理者的能力要求越来越高，管理者一般应具有指挥能力、聚合能力、创新能力、强效能力、识人能力、用人能力、沟通能力、应变能力及受压能力等。

三、企业管理

1. 企业管理的概念

企业管理，是指企业管理者遵循客观经济规律，按照科学管理原理，对企业生产经营活动过程及各种经营要素进行的计划、组织、领导和控制，以实现企业经营目标的实践活动。这一概念包含以下要点：

（1）管理主体。企业是由管理者来管理的。管理者是管理的主体，包括企业高层管理者、中层管理者和基层管理者等所有参与管理的人。从人与人之间的关系来说，上级是管理者，下级是被管理者；从人与物或资金的关系来说，人是管理者，物或资金是被管理者。管理主体只能是人。

（2）管理客体。管理客体是管理对象，它包括企业的生产经营活动的全过程及生产经营活动的全部要素。

（3）管理职能。管理活动是管理者通过计划、组织、指挥、协调、激励、控制等一系列的管理职能进行的，管理者必须正确地运用这些管理职能，才能高效率、高效益地完成管理任务，实现管理目标。

（4）管理目的。管理只是达到经营目标的手段和方法。管理目的就是使企业资源得到优化配置和合理利用，与社会需要和市场需求紧密结合起来，实现最佳的社会效益和经济效益。

（5）管理依据。管理依据是客观经济规律和科学管理原理。管理活动是管理者的主观行为，要使主观行为符合客观实际，防止主观主义、官僚主义和瞎指挥，就必须遵循客观经济规律，按照科学管理原理的要求去做。

2. 企业管理的任务

（1）努力提高企业经济效益，实现盈利的最大化。企业是经济组织，它开展经营活动的目的就是实现价值增值，获得更多的利润。企业的劳动成果能够得到社会的承认，个别劳动能够转化为社会劳动，关键要求劳动成本或劳动耗费低于或相当于社会平均水平，企业所生产的产品或提供的服务能够满足社会需要，得到广大消费者的青睐。只有这样，企业的产品才能顺利地销售出去，才能扩大再生产，从而实现良好的经济效益，取得更多的利润，实现良性循环。

（2）充分调动员工的积极性，发挥人的聪明才智。企业管理要以人为本，重视人的因素，充分调动员工的积极性，不断提高员工的素质，为员工创造良好的工作环境和生活环境，让员工的聪明才智得到最大限度的发挥。人是一切社会活动和经济活动的活力源泉，有了高素质的员工队伍，有了强大的凝聚力和向心力，企业才能战胜一切困难，并取得成功。

（3）塑造良好的企业形象，为国家和社会承担责任。企业是社会的组成部分，它的经营行为必然会对社会产生影响。企业在经营活动中必须把经济效益与社会效益统一起来，多做有益于社会的事，如向社会提供优质产品、照章纳税、履行合同、防治污染、保护环境等。企业绝不能做损害国家利益、社会公众利益和消费者利益的事情，如偷税漏税、欺行霸市、走私诈骗、生产销售假冒伪劣商品、污染环境等。只有树立良好的企业形象，企业才能得到政府、社会公众和广大消费者的支持和信赖，才能顺利发展。

3. 企业管理的基本要求

（1）管理组织高效化。就是按照精简高效的原则，根据管理任务科学合理地设置管理机构和人员，简化办事手续，加强信息沟通，克服官僚主义和形式主义，及时发现问题并解决问题，建立健全各项管理制度和岗位责任制，努力提高管理效率和生产效率。

（2）管理方法科学化。就是各项管理工作做到规范化、标准化，做到有章可循，照章办事，严格遵守操作规程和质量标准。每一项决策都要通过可行性分析，经过筛选比较，选择最优方案。每一项工作都要符合客观经济规律，符合实际，并最终取得良好的效果。

（3）管理手段信息化。21世纪是知识经济时代，世界经济发展的趋势是信息化、网络化和全球化。企业要想在市场竞争中立于不败之地，就必须跟上时代发展的浪潮，运用现代化的管理手段——电子计算机和互联网。有了现代化的管理手段，才能保证信息收集、整理、分析、储存、传递、反馈和使用的时效性、准确性和全面性。

（4）管理人员专业化。现代企业必须由各方面的专家来管理。在一个企业中，产品设计、制造、工艺、设备、质量检验、市场营销、投资理财、经济核算等每一方面都需要有专门的技术和方法，没有经过专业培训，不懂得专业知识，就不可能胜任工作要求。所以，管理工作的专业化，必须要求管理人员的专业化。管理人员要经过专业学习和培训，经考试考核达到规定的学历要求，并取得职业资格证书，方能上岗担任管理职务。

四、车间管理

（一）车间管理的职能

1．制订计划

制订整个车间的活动目标和各项技术经济指标，使各工段、各班组乃至每个员工都有明确的任务和目标。

制订计划的依据是公司下达的计划和本车间的实际资源情况。计划主要包括年、月、日、班次的生产作业计划，质量控制计划，成本控制计划，设备维修计划，等等。

2．组织指挥

组织指挥是执行其他管理职能不可缺少的前提。

车间组织指挥的职能：一是根据车间的目标，建立、完善管理组织和作业组织；二是通过组织和制度，对工段、班组及员工进行作业布置、调度、指导和督促。

3．监督控制

监督是对各种管理制度的执行、计划的实施、上级指令的贯彻执行过程进行检查督促，使之付诸实施的管理活动。

控制就是在执行计划和进行各项生产经营活动过程中，把实际执行情况同既定的目标、计划、标准进行对比，找出差距，查明原因，采取纠正措施的管理活动。

4．生产服务

生产服务主要包括以下几个方面：一是技术指导，帮助和指导员工解决技术上的难题；二是车间设备的使用服务和维修服务；三是材料和动力服务；四是生产福利服务；等等。

（二）车间领导体制和管理组织

车间层级结构一般有二级（车间、班组）或三级（车间、工段、班组）。

1．车间

车间是企业内部的基本生产单位和行政单位，也是企业内的一级经济核算单位，在公司管理层领导下工作。其主要活动是贯彻执行企业的计划、公司的命令和指示及规章制度，直接实现产品的生产过程，全面完成公司下达的各项经济技术指标。车间的主要领导是车间主任。

2．工段

工段是车间内的一级生产行政单位，由若干生产班组组成。其主要活动是具体执行车间下达的各项生产经济计划和车间领导的命令。工段的主要领导是工段长。

3．班组

班组是企业最基层的组织、最基层的生产单位和行政单位，也是最基层的核算单位。企业的生产、技术、经济等各方面工作都要通过生产班组的活动来实现。因此，班组的管理工作是企业和车间生产、行政工作的基础。

（三）车间管理的内容

车间管理的目标是以最低的成本准时提供恰当数量的合格产品，并保证员工的安全，达到环保要求。因此，车间管理的内容主要有以下几项：生产运作管理、物料管理、技术管理、质量管理、安全环保管理、设备管理、成本管理、员工绩效管理、现场管理等。

（四）车间管理的性质和特点

1．结果导向性

车间都是搞生产的，因此，车间管理具有生产管理的性质和特点，就是一切以结果为导向，没有加工出合格的产品，管理过程再完美也没有任何意义。

2．系统性

企业由若干车间和若干部门组成，各车间和部门之间虽然分工不同，但只有它们之间共同协作，才能完成企业的各项目标和生产任务。

3．专业性

车间是由不同的专业化形式组织起来并从事专业分工的，因此，车间管理具有明显的专业特点。

4．动态性

车间的各项管理活动都要适应生产任务的不断变化、物料的不停流动，因此处于动态变化中。

5．复杂性

车间管理既要管人，还要管设备、物料、环境、信息等多种因素，而不同因素又有各自鲜明的特点，这就体现出车间管理很大的复杂性。

6．群众性

车间是最基层的行政组织，是企业一线员工工作的地方，因此，车间管理具有最广泛的群众基础性。

（五）车间类型及设置原则

企业生产类型是影响生产过程的重要因素，而生产过程的组织形式决定着生产单位专业化的原则和车间组织形式。

在生产性企业里，根据车间在整个产品生产过程中的地位，可将其分为基本生产车间、辅助生产车间、附属生产车间。

基本生产车间是指为完成主要生产目的而进行产品生产的单位，是严格按照不同的专业化原则组成的。

1. 工艺专业化原则与工艺专业化车间

工艺专业化原则是指按照生产过程的各个工艺阶段的工艺特点来建立专业化的生产单位，也叫工艺原则。工艺专业化车间就是按工艺原则设置的车间，具有"三同一不同"的特点，即在车间里集中着同种类型的工艺设备和同工种的员工，对不同类型的加工对象采用相同的工艺方法进行加工，如机加工车间、热处理车间、锻造车间、装配车间等。

工艺专业化车间的优点是对产品品种变化有较强的适应性，有利于充分发挥机器设备的作用。

2. 对象专业化原则与对象专业化车间

对象专业化原则是指以加工产品为主来建立对象专业化的生产单位，也叫对象原则。对象专业化车间是按对象原则设置的车间，具有"一同三不同"的特点，即车间集中着为制造某种产品所需的不同类型的设备和不同工种的员工，对相同的产品采用不同的工艺方法进行加工，如发动机车间、底盘车间等。

对象专业化车间的优点是运输线路和生产周期短，协作关系简单，便于很快完成生产任务；缺点是对产品的品种变化适应性差，设备利用率低。

3. 综合原则与综合性车间

综合原则是指综合运用工艺专业化与对象专业化来建立生产车间的原则。综合性车间是按综合原则设置的车间，它吸取了工艺专业化车间和对象专业化车间的优点，避免了缺点，是一种较为灵活的车间组织形式。

（六）车间布置的内容和原则

车间布置即正确规定车间内各基本工段、辅助工段、生产服务部门的相互位置和工作地，以及机床设备之间的相互位置。

在设计和安排车间的平面布置之前，必须根据企业的生产大纲和车间分工表明确车间的生产任务，然后编制车间的生产大纲，制定加工的工艺流程，确定工艺路线和生产组织形式，确定机床设备和起重运输设备的种类、型号及数量。

1. 布置的内容

主要包括四个部分：

（1）基本生产部分，如机床设备。

（2）辅助生产部分，如机修组、电工组、检验组。

（3）仓库部分，如中间材料库、半成品库。

（4）其他必需部分，如休息室、更衣室、洗手间、通道。

2. 布置原则

（1）按生产过程的流向和工艺顺序布置设备，尽量使加工对象成直线运动，将倒流减少到最低程度。

（2）注意运输方向。

（3）合理布置工作地，保证生产安全，并为员工创造良好的工作环境。

（4）考虑多机床操作员工作业的方便。

（5）合理利用车间生产面积。

（6）注意维护设备精度，照顾设备工作特点。例如，精加工设备应放在光线好、振动小的地方。

思考题

1. 怎样理解企业的含义？如何划分企业类型？
2. 什么是现代企业制度？现代企业制度有哪些基本特征？
3. 什么是企业管理？企业管理的任务、要求是什么？
5. 什么是企业经营机制？如何转变企业经营机制？
6. 什么是管理？什么是管理者？管理者的工作有哪些？
7. 什么是计划职能？企业制订计划应按照什么原则和程序？
8. 什么是组织职能？组织结构有哪些基本模型？
9. 什么是领导职能？领导模式有哪些类型？
10. 什么是控制职能？控制的基本程序有哪些？

模块二 车间生产运作管理

【主要能力指标】

  了解生产方式的变革。

  熟悉生产过程组织。

  掌握生产计划与作业计划。

【相关能力指标】

  能够编制生产计划。

  能够利用网络、资讯收集生产管理新技术。

一、生产管理制度的概念

随着大量生产方式的盛行，加上科学化管理技术的不断改进，企业规模愈来愈庞大，组织内的专业分工愈来愈精细，这就产生了分工及合作的问题。在企业内的生产运作过程中，生产管理部门是指挥中心，它是企业正常运转的灵魂。

在企业内，常由于生产管理的不到位，出现以下情况：

（1）经常停工待料，甚至"三天打鱼，两天晒网"。

（2）无休止地加班，人变成了机器。

（3）前后工序的半成品或材料不能有效衔接，需要的半成品或材料不能及时供货，不紧急的半成品或材料则源源不断地发来。

（4）生产计划表徒具形式，你做你的计划，我做我的产品，生产计划达成率低。

（5）生产计划表更动频繁，不是追加，就是取消。

（6）紧急订单很多，正常生产无法进行下去。

（7）交货经常延迟，影响公司信誉。

（8）生产过程紊乱，产品质量随之失控，导致产品需返工重做，搅乱了正常的生产计划。

出现以上生产乱象意味着生产过程缺乏秩序与纪律,也就是缺乏有效的管理制度。生产管理制度,就是规划销售计划与生产计划、生产计划与物料计划、生产计划与作业计划,然后依作业计划做进度控制,使之符合销售计划,确保承诺顾客的交货期、数量、质量及服务。

二、生产、生产管理、生产管理系统

1. 生产

生产是人类社会最原始,也是最基本的活动之一。生产是人类社会存在的基本前提,也是社会财富不断延续的源泉。

生产的本质是能够创造物质和财富来满足人们的需要。简单地讲,生产是指一切社会组织将输入转化为输出的过程,即生产要素输入生产系统内,经过生产与运作过程,转化为有形的和无形的产品。

这里的转化有三种含义:一是对被转化物形态的转化,二是功效的转化,三是价值的转化。

而这一输入—输出系统就是生产系统,生产与运作过程就是中间的转化部分,如图2-1 所示。

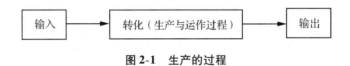

图 2-1　生产的过程

2. 生产管理

生产管理就是对生产活动的计划、组织、指挥、协调与控制。

生产管理的基本目标是高效、灵活、准时、安全、清洁地生产合格的产品来满足市场需要,同时实现企业的经营目标。

所谓高效,是指生产管理必须体现效率,就是要以较少的投入得到较多的产出。

所谓灵活,是指企业的生产系统能很快地适应市场的变化,生产各种不同的品种,及时开发新品种。

所谓准时,是指在用户需要的时间,按用户需要的数量,提供给用户所需要的产品和服务。

所谓安全,是指为了保证生产的持续、稳定与和谐发展,投入—转化—产出的过程必须体现安全性。

所谓清洁,是指在产品生产、使用和报废处理过程中,对环境的破坏控制在最低范围,力求无污染地实行绿色生产。

3. 生产管理系统

生产管理系统是一个为了实现预定目标而组成的有关生产元素的集合体。生产管理系统是由输入、转化、输出和反馈控制四个部分构成的,它们按一定的程序有规律地运行。

生产管理系统只是企业管理系统的一个子系统。生产管理要根据企业战略经营决策所确定的一定时期内的经营意图，根据下达的生产任务，制订生产计划，组织生产活动，保证按期、按质、按量地完成生产任务，以保障企业总目标的实现。

生产管理系统的核心功能是转化模块，它不仅接受各种输入，要根据预定的目标进行转化（加工、装配、运营），将各种生产要素有机地结合在一起，同时它还要接受反馈机制的调整和控制，以保证输出的有效性和转化的经济性。

一般可用六个指标来衡量生产管理系统的优劣，即时间（Time）、质量（Quality）、成本（Cost）、服务（Service）、柔性（Flexibility）、环境（Environment）。这些指标反映在生产管理系统中就是一系列生产管理系统的重大决策。这些决策包括工厂规模、厂址决策、设备选择、工艺选择、存货控制和质量控制等。

4. 生产管理系统的特征

（1）系统的目的性。任何生产管理系统的存在都是为了使各生产元素能够有效地运转，最终要使生产的产品能够满足市场的需要，能够为企业带来盈利；否则，这个系统就没有存在的必要。生产管理系统必须使被转化物发生形态的转化、功能的转化，更重要的是价值的转化。

（2）系统的适应性。生产管理系统要适应环境，并能根据环境变化做适当的变化，即有应变的能力。因为任何生产管理系统都是在一定的条件下存在的，生产管理系统的适应性比先进性更重要。适合企业生产环境、适合用户需要的转化系统就是一个好的生产管理系统；反之，即使是非常现代化和先进的转化系统，也是一个不好的系统，功能过剩与功能不足一样都是不符合整体优化原则的。

（3）系统的协调性。生产管理系统的各组成部分之间，以及各组成部分内部各要素之间都是协调的。前者是指供、产、销之间的协调；后者是指投入的要素人、财、物之间的协调，转化的要素人、机、环境、时间之间的协调，产出的要素数量、质量、时间、地点之间的协调。系统的协调性靠管理的有效性来体现和保证，是生产管理的重要内容，也是生产管理追求的主要结果。

5. 企业的生产管理人员必须具备的技能

（1）技术技能：包括专业技术与管理技术两个方面。单有专业技术知识对于生产管理人员来说是不够的，他们还需要懂得生产运作过程中的管理技术，包括生产过程的组织、生产计划的制订和生产活动的控制等。

（2）行为技能：生产管理不仅是对设备、原材料、厂房等的管理，更重要的是组织生产操作人员和技术人员进行生产活动，所以他们必须具备处理、协调人际关系的能力，包括具有较高的情商（EQ），善于与他人共事，调动各方面人员的积极性。

三、生产类型

生产类型是指根据生产过程的不同特点划分的类别。根据不同的划分标准，可以划分出不同的生产类型。

(一) 按用户的需求特征分类

1. 订货型生产方式

订货型（Make-to-order）生产方式是指按用户特定的要求进行的生产。订货型生产方式的生产周期较长，通过提高零部件的标准化和通用化水平，采用计算机辅助设计（CAD）可以大大缩短设计周期，若能结合计算机辅助工艺设计（CAPP），则可进一步缩短生产技术准备周期，使生产系统的整体响应速度大大提高。

订货型生产方式一般适用于单件小批量生产类型。例如，船舶制造、大型成套设备的生产、建筑施工都采用这种生产类型。

2. 备货型生产方式

备货型（Make-to-stork）生产方式是指根据企业对市场需求预测事先制订生产计划，通过保持一定数量的库存来应对市场需求的波动，从而减少对生产系统的影响，即在高需求时用库存补偿生产能力的不足，而在低需求时依靠建立库存来减少因生产能力过剩产生的影响。采用备货型生产方式生产的产品一般为标准产品或定型产品。例如，家用电器、日用品、轴承等产品的生产都采用备货型生产方式。

(二) 按生产的工艺特征分类

1. 流程式加工生产方式

特点：工艺过程是连续进行的，不能中断；工艺过程的加工顺序是固定不变的，生产设施按照工艺流程布置；劳动对象按照固定的工艺流程连续不断地通过一系列设备和装置，被加工处理成为成品。

范围：化学工业、石油精炼、金属冶炼、造纸等行业。

重点：要保证连续供料和确保每一生产环节在工作期间必须正常运行，因为任何一个生产环节出现故障，都会引起整个生产系统的瘫痪。流程式生产由于产品和生产过程相对稳定，有条件采用各种自动装置实现对生产过程的实时监控。

2. 加工装配生产方式

特点：产品是由许多零部件构成的，各零件的加工过程彼此是独立的，所以整个产品的生产是离散的，制成的零件通过部件装配和总装配最后成为产品。

范围：汽车制造、机械制造、家具制造、船舶制造等行业。

重点：在加工装配型工业，生产能力是一个动态的概念，生产系统的"瓶颈"环节往往随产品结构的更换而变化和转移，这就要求在计划中做好负荷平衡，它给生产过程同步化增加了一定的难度。加工装配生产的组织十分复杂，是生产管理研究的重点。

(三) 按生产的稳定性和重复性分类

1. 大量生产

特点：生产的品种少，每一品种的数量大，经常重复生产一种或少数几种类似的产品，并且生产条件稳定，大多数工作地仅固定完成一二道工序，专业化程度高。

问题：这类企业生产效率高，通过规模效益降低成本，但投资大（专用夹具和专用机械设备的配备），生产系统柔性较差。因此，在保持规模效益的同时，如何提高柔性，是这类企业需要考虑的一个大问题。

重点：对大量生产管理的重点主要是做好生产线平衡、材料管理、质量控制及设备维修等工作。

2．单件生产

特点：生产的产品品种繁多，而每一种产品仅生产一台（件）或少数几台（件）。

问题：生产重复程度低，工作地专业化程度低，因而生产能力利用率低，生产稳定性差，效率低，成本高，管理工作复杂。

重点：对单件生产管理的重点主要是做好作业准备、作业分配、作业进度计划和进度调整等工作，解决生产"瓶颈"，以尽量缩短产品生产周期。

在现实社会中，严格意义上的单件生产（不重复制造）的企业十分少见，即使是航天航空工业、远洋巨轮制造这些行业的新产品也有标准型号，仅仅是重复生产的周期比较长，如半年、一年等。

3．成批生产

成批生产又称批量生产，是介于大量生产与单件生产之间，即产品产量较少，品种较多，专业化程度较低的一种生产类型。成批生产具有一定的生产稳定性和生产重复性，虽然不如大量生产那样高，但仍可以保持定期重复轮番生产。

四、生产过程的组织

（一）生产过程的概念

狭义：指从原材料投入到产品出产的一系列活动的运作过程。

广义：指整个企业围绕着产品生产的一系列有组织的生产活动，包含基本生产、辅助生产、生产技术准备和生产服务等企业范围内各项生产活动协调配合的运行过程。

基本内容：劳动过程，即劳动者利用劳动工具，按照一定的步骤和方法，直接或间接地作用于劳动对象，使其按预定的目的变成产品的过程。

生产过程又是劳动过程和自然过程的总和。

（二）生产过程的构成

1．生产技术准备过程

生产技术准备过程是指产品在投入生产前所进行的各种生产技术准备工作，具体包括市场调研、产品开发、产品设计、工艺设计、工艺装备的设计与制造、标准化工作、定额工作、新产品试制和鉴定。

2．基本生产过程

基本生产过程是指直接为完成企业的产品生产所进行的生产活动。例如，汽车制造企业的冲压、焊接、喷漆、装配等；钢铁企业的炼铁、炼钢、轧钢等；机械制造企业的毛坯准备、机械加工、装配等；化工企业的预热、提炼、合成等。

基本生产过程还可进一步划分为若干个工艺阶段。

3. 辅助生产过程

辅助生产过程是指为保证基本生产过程的正常进行所必需的各种辅助性生产活动。例如，机械制造企业的动力生产、工具制造、设备维修等；汽车厂供自用的工模具、修理用备件、蒸汽、压缩空气等的生产。

4. 生产服务过程

生产服务过程是指为基本生产和辅助生产服务的各种生产服务活动，如物料供应和运输、理化试验、计量管理等。

(三) 合理组织生产过程的要求

1. 生产过程的连续性

含义：加工对象在生产过程的各个阶段、各个工序，在时间上紧密衔接、连续进行，不发生或很少发生不必要的等待加工或处理的现象。

实现条件：首先，要合理布置企业各个生产单位，使之符合工艺流向，没有迂回和往返运输。其次，要采用合理的生产组织形式，避免由于组织结构设置不合理而造成物流的不畅通。

2. 生产过程的平行性

含义：生产过程的各个阶段、各个工序实行平行交叉作业。

实现条件：在进行工厂的空间布置时，要合理地利用面积，尽量做到各生产环节能同时利用空间，保证产品的各个零件、部件生产及生产过程的各个工艺阶段能在各自的空间内平行进行。

3. 生产过程的比例性

含义：生产过程各个阶段、各个工序之间在生产能力上要保持一定的比例关系，以适应产品生产的要求。

实现条件：在生产系统建立的时候就应根据市场的需求，确定企业的产品方向，并根据产品性能、结构及生产规模、协作关系等统筹规划；在日常生产组织和管理工作中，应经常对生产过程的能力比例进行调整，克服生产过程中出现的"瓶颈"，以实现生产过程的比例性。

4. 生产过程的均衡性

含义：产品在生产过程的各个阶段，从投料到成品完工入库，都能保持有节奏、均衡地进行，保持在一定的时间间隔内，生产的产品数量是基本相等或稳定递增的。

实现条件：加强生产技术准备部门、辅助生产部门、生产服务部门之间的协调，特别是要优化生产计划和强化对生产过程的监控。

5. 生产过程的适应性

含义：适应性也称柔性，是指生产组织形式要灵活，对市场的变动应具有较强的应变能力。

实现条件：企业应建立柔性生产系统，如准时生产制、敏捷制造等，将较高的机械化、自动化水平与较强的对产品的适应性统一起来。

（四）生产过程的组织原则

可以按照工艺专业化、对象专业化和混合专业化的原则来组织生产过程。

1. 工艺专业化

含义：按照生产工艺的特点来设置生产单位的生产组织形式。

优点：对产品品种变化的适应性较强，集中了同类设备，每个生产单位只进行同一种工艺的加工，生产系统的可靠性较高。

缺点：以工艺专业化原则建立生产单位时，由于一个生产单位只能完成同类工艺加工，加工对象必须通过许多不同类型的生产单位后才能完成生产，会造成产品的物流比较复杂、无序，从而使得生产周期长，占用资金多；且由于各生产单位之间的协作往来频繁，使编制生产计划、在制品管理和质量管理等方面的工作比较复杂。

2. 对象专业化

含义：以产品（或零件、部件）为对象来设置生产单位的一种生产组织形式。

优点：连续性强，生产周期短；协作关系简单，简化了生产管理；由于对象固定，可以采用高效率的专用设备，生产效率较高。

缺点：由于是按照特定的产品对象建立的生产单位，对品种变化的适应性差；对于不同设备构成的生产过程，一台设备出现故障时无法替代，因此生产设备替代的可行性较差；在产量不大时，难以充分利用生产设备和生产面积，难以对工艺进行专业化管理。

3. 混合专业化

结合了工艺专业化和对象专业化的特点。

五、生产计划与生产作业计划

生产计划与生产作业计划是企业为了生产出符合市场需要或顾客要求的产品所确定的何时、何地及如何生产的总体计划。生产计划与生产作业计划主要确定企业在计划期内应达到的产品品种、质量、产量、产值和出产期等生产方面的指标，以及对生产进度的安排和对人力、物资资源进行合理调配。

1. 生产计划的概念

生产计划是企业在计划期内应完成的产品生产任务和进度的计划。它具体规定了企业在计划期（年、季、月）内应当完成的产品品种、质量、产量、产值和出产期等一系列生产指标，并为实现这些指标进行能力、资源方面的协调、平衡。所以，它是指导企业计划期生产活动的纲领性文件。

2. 生产计划系统

设计生产计划系统，就是要通过不断提高生产计划工作水平，为企业生产系统的运行提供一个优化的生产计划。根据计划期长短可将生产计划分为长期、中期和短期生产计划。

长期生产计划：主要针对市场的长期变化趋势、企业产品系列的变化、企业生产性资源的配置及企业规模的变化等战略性问题而编制的生产计划，时间跨度通常在3年以上。它是企业在生产、技术、财务等方面重大问题的规划。长期生产计划也叫综合生产计划。

中期生产计划：通常称为年度生产计划。对工业企业来说，主要包括生产计划大纲和产品出产进度计划。生产计划大纲通过一系列指标规定企业在计划年度内的生产目标。产品出产进度计划则是将生产计划大纲具体化为按产品品种规格来规定的年度分月的产量计划。

短期生产计划：一般在6个月内，包括物料需求计划、生产能力计划、总装配计划及车间内作业进度计划。

长期、中期、短期生产计划的比较如表2-1所示。

表2-1 长期、中期、短期生产计划的比较

比较内容	长期计划（战略层）	中期计划（管理层）	短期计划（作业层）
计划层总任务	制定总目标及获取所需的资源	有效利用现有资源满足市场需求	最适当的配置生产能力，执行公司级计划
管理层次	高层	中层	基层
时间期限	3~5年或更长	1~1.5年	小于6个月
详细程度	非常概括	概略	具体、详细
不确定程度	高	中	低
决策变量	产品线 企业规模 设备选择 供应渠道 员工培训	企业工作时间 劳动力数量 库存水平 外包量 生产速率	生产品种 生产数量 生产顺序 何处生产 何时生产

3. 生产计划的指标

生产计划的主要指标有产品品种、产量、质量、产值和出产期。这些指标从不同侧面反映了企业生产产品的要求。

（1）品种：涉及"生产什么"的决策，它在一定程度上反映了企业适应市场的能力。一般来说，品种越多，越能满足不同的需求，但过多的品种会分散企业生产能力，难以形成规模优势。

（2）产量：涉及"生产多少"的决策，是指企业在计划期内应当生产的合格的产品实物数量或应当提供的合格的服务数量。常用实物指标表示。它关系到企业能获得多少利润。

（3）质量：企业在计划期内的产品应该达到的质量标准。常采用统计指标来衡量，如合格率。

（4）产值：用货币表示的产量指标，有商品产值指标、总产值和净产值三种表现形式。

（5）出产期：生产的时间要求。

4. 生产计划的管理

按照计划来管理企业的生产经营活动，叫作生产计划的管理。

生产计划的管理是一个过程，通常包括四个阶段：编制计划、执行计划、检查计划完成情况、拟订改进措施。

生产计划的管理包括企业生产经营活动的各个方面。

5. 生产作业计划

（1）概念。

生产作业计划是企业生产计划的具体执行计划，是生产计划的延续和补充，是组织企业日常生产活动的依据。

各企业在具体操作中，不同类型的生产系统编制生产作业计划的方法、计划运行和制订是不一样的。

（2）编制的依据：期量标准。

① 批量和生产间隔期：批量＝生产间隔期×平均日产量。

② 生产周期：产品从原材料投入到成品产出所经历的全部日历时间。

③ 生产提前期：产品（零件）在各生产环节出产或投入的日期比成品生产的日期应提前的时间。

（3）作业控制。

作业控制包括投入进度的控制、产出进度的控制、工序进度的控制、在制品占有量的控制。

六、生产管理的新技术

随着人类社会的发展，物质需求越来越大，从而促进了人们生产方式的不断改变（图 2-2）。

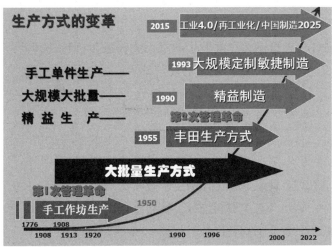

图 2-2　生产方式的变革

随着管理信息化思想和技术的发展,出现了许多先进的生产管理技术。

(一) 制造资源计划

制造资源计划的基础——物料需求计划(Material Requirement Planning,MRP)的思想早在20世纪40~50年代就已产生,只是到了60~70年代,随着计算机技术的发展才逐步走向应用。

20世纪70年代末,一些企业提出,希望MRP系统能同时反映财务信息。例如,产品销售计划用金额来表示,说明销售收入;对物料以货币计价,以计算成本,方便定价;采购计划以金额来表示,以用于预算;库存以金额表示,以反映库存资金占用情况等。此外,货币信息还必须符合企业长远经营目标,满足销售和利润要求。也就是说,在系统的执行过程中,要反映出发生的成本,同时又把企业的经营规划、销售与生产规划作为系统的宏观层。这样MRP进一步发展,将经营、财务与生产管理子系统相结合,形成了制造资源计划(Manufacturing Resource Planning,MRPⅡ)。

由于MRPⅡ将经营、财务与生产管理子系统相结合,涵盖了进行生产制造活动的设备、物料、资金等多种资源,并且有模拟功能,因此,它不仅能对生产过程进行有效的管理和控制,还能对整个企业计划的经济效益进行模拟,这对辅助企业高级管理人员进行决策有重大意义。

现代的MRPⅡ系统完善于20世纪80年代,一般分为生产控制(计划、制造)、物流管理(分销、采购、库存管理)、财务管理(账务、成本、资金)三大子系统。生产控制子系统按照预测的销售前景,并考虑销售单的实际情况来编制生产大纲;再按主生产计划的排程,编制物料需求计划,据此采购原材料,同时安排部件生产,以保证将在制品、原材料及成品控制在最优水平。此外,根据物料需求计划的结果来核算能力,调整主生产计划,尽量维持生产平衡。生产线(车间管理或重复生产)的信息反馈也可以与财务管理子系统、物流管理子系统集成。物流管理子系统将向供销部门和库房管理部门提供灵活的日常业务处理功能,并能自动将信息传达到财务部门和其他有关部门。财务管理子系统除对各往来账目和日常发生的货币支付账目进行处理外,根据销售部门的销售单/发票、采购单、库存资金,还能够向管理人员提供目前库存资金占用情况和企业运营情况。

MRPⅡ可以使企业产生如下效益:

(1) 改善企业经营决策,提高企业应变能力及所处的竞争地位。企业领导可以随时了解企业生产、销售、库存等运作情况和财务状况。

(2) 实行规范管理,促进企业工作与生产效率的提高。

(3) 降低库存。据国外有关资料统计,在实施MRPⅡ的企业中,库存资金的占用一般可降低15%~40%,资金的周转次数可提高50%~200%。

(4) 合理利用资源,缩短生产周期,提高劳动生产率,进一步降低成本,增加利润。

(5) 与财务系统的集成,可以大大减少财务收支上的差错与延误,减少经济损失,

模块二 车间生产运作管理

同时还可以及时了解生产成本，辅助财务管理业务的运行。

MRPⅡ是主要运用于制造业企业的先进的管理思想与信息系统，是根据企业管理的需要而生产发展起来的，其管理模式适合于制造业企业的一般管理要求，同样也适合于中国企业的普遍管理模式和要求。为了成功实施MRPⅡ，企业必须把重点放在基础信息的健全和管理业务的规范化上，而不仅仅是引进现成的软件。

近几年来，随着国家提出以国内大循环为主体、国内国际双循环相互促进的新发展格局的要求，企业对管理提出了更高的要求，MRPⅡ的应用又进入了一个新的发展阶段，应用的范围也从原来的以机械制造业为主，扩展到化工、烟草、制药等行业。

（二）企业资源计划

简要地说，企业的所有资源包括三大流：物流、资金流和信息流。企业资源计划（Enterprise Resource Planning，ERP）也就是对这三种资源进行全面集成管理的管理信息系统。概括地说，ERP是建立在信息技术基础上，利用现代企业的先进管理思想，全面地集成了企业的所有资源信息，并为企业提供决策、计划、控制与经营业绩评估的全方位和系统化的管理平台。ERP系统是一种管理理论和管理思想，不仅仅是信息系统。它利用企业的所有资源，包括内部资源与外部市场资源，为企业制造产品或提供服务创造最优的解决方案，最终达到企业的经营目标。由于这种管理思想必须依附于计算机软件系统的运行，人们常把ERP系统当成一种软件，这是一种误解。要想理解与应用ERP系统，必须了解ERP的实际管理思想和理念。

ERP理论与系统是从MRPⅡ发展而来的，它除继承了MRPⅡ的基本思想（制造、供销及财务）外，还大大地扩展了管理的模块，如多工厂管理、质量管理、设备管理、运输管理等。它融合了离散型生产和流程型生产的特点，扩大了管理的范围，更加灵活或柔性地开展业务活动，实时地响应市场需求。ERP理论不是对MRPⅡ的否认，而是对它的继承与发展。MRPⅡ的核心是物流，主线是计划。伴随着物流的过程，同时存在资金流和信息流。ERP的主线也是计划，但ERP已将管理的重心转移到财务上，在企业整个经营运作过程中贯穿了财务成本控制的概念。

ERP系统常见的模块有销售管理、采购管理、库存管理、制造标准、主生产计划、物料需求计划、能力需求计划、质量管理、成本管理、账务管理、应收账管理、应付账管理、现金管理、工资管理、人力资源管理、设备管理、工作流管理等。

ERP的概念于1990年由美国的Gartner Group公司提出，它从诞生之日起就在不断发展，目前在中国得到了快速的应用和普及。随着应用的深入，它的发展主要体现在以下几个方面：

1. 管理范围更加扩大

ERP的管理范围有继续扩大的趋势，继续扩充供应链管理（Supply Chain Management，SCM）、客户关系管理（Customer Relationship Management，CRM）、办公自动化（Office Automation，OA）。此外，它还日益和计算机辅助设计（Computer Aided

21

Design，CAD)、计算机辅助制造（Computer Aided Manufacturing，CAM)、计算机辅助工艺设计（Computer Aided Process Planning，CAPP）等系统融合，互相传递数据。这样就将企业管理人员在办公室中完成的全部业务都纳入管理范围中，实现了对企业的所有工作及相关内外部环境的全面管理。

2. 继续支持与扩展企业的流程重组

企业的外部与内部环境变化是相当快的，企业要适应这种快节奏的变化，就要不断地调整组织机构和业务流程。因此，ERP 的发展必然要继续支持企业的这种变化，使企业的工作流程能按照业务的要求进行组织，以便集中相关业务人员，用最少的环节和最快的速度及最经济的形式完成某项业务的处理过程。

3. 运用最先进的计算机技术

信息是企业管理和决策的依据，计算机系统能够及时而准确地为企业提供必要的信息，因此 ERP 的发展是离不开先进的计算机技术的。IT 技术和互联网使企业内部及企业与企业之间的信息传递更加畅通。面向对象技术的发展使企业内部的重组变得更加快捷和容易。计算机在整个业务过程中产生信息的详尽记录与统计分析，使决策变得更加科学和有目的性。新的计算机技术的不断涌现为 ERP 的发展提供了广阔的前景。

（三）准时化

1. 概述

准时生产方式是起源于日本丰田汽车公司的一种生产管理方式。它的基本思想可用现在已广为流传的一句话来概括，即"只在需要的时候，按需要的量生产所需的产品"，这也就是 Just in Time（JIT）一词所要表达的本来含义。这种生产方式的核心是追求一种无库存的生产系统，或使库存达到最小的生产系统。为此而开发了包括"看板"在内的一系列具体方法，并逐渐形成了一套独具特色的生产经营体系。准时生产方式在最初引起人们注意时曾被称为"丰田生产方式"，后来随着这种生产方式被人们越来越广泛地认识、研究和应用，特别是在引起西方国家的广泛注意以后，人们开始把它称为 JIT 生产方式。

2. JIT 生产方式的目标和基本手段

（1）JIT 生产方式的目标。JIT 生产方式的最终目标即企业的经营目的——获取最大利润。为了实现这个最终目的，降低成本就成为基本目标。在福特时代，降低成本主要是依靠单一品种的规模生产来实现的。但是在多品种中小批量生产的情况下，这一方法是行不通的。因此，JIT 生产方式力图通过"彻底消除浪费"来达到这一目标。所谓浪费，在 JIT 生产方式的起源地丰田汽车公司被定义为"使成本增加的生产诸因素"，即不会带来任何附加价值的诸因素，包括过量生产的浪费、等待（工件等待、人员等待、设备等待）的浪费、搬运的浪费、库存的浪费、动作的浪费、工序安排中的浪费、不合格品的浪费。其中，最主要的是生产过剩（库存）所引起的浪费。因此，为了排除这些浪费，就相应地产生了适量生产、弹性配置作业人数及保证质量这三个子目标。

（2）JIT 生产方式的基本手段。为了达到降低成本这一基本目标，对应于上述基本目标的三个子目标，JIT 生产方式的基本手段也可以概括为下述三个方面：

① 适时适量生产。这也是"Just in Time"一词本来所要表达的含义，即"只在需要的时候，按需要的量生产所需的产品"。对于企业来说，各种产品的产量必须能够灵活地适应市场需要量的变化；否则，生产过剩会引起人员、设备、库存费用等一系列的浪费。而避免这些浪费的手段，就是实施适时适量生产，只在市场需要的时候生产市场需要的产品。

② 弹性配置作业人数。在劳动费用越来越高的今天，降低劳动费用是降低成本的一个重要方面。达到这一目的的方法是"少人化"。所谓"少人化"，是指根据生产量的变动，弹性地增减各生产线的作业人数，以及尽量用较少的人力完成较多的生产。其关键在于能否将生产量减少的生产线上的作业人数减下来。这种"少人化"技术一反历来生产系统中的"定员制"，是一种全新的人员配置方法。实现这种"少人化"的具体方法是实施独特的设备布置，以便能够在需求减少时，将作业所减少的工时集中起来，以整顿削减人员。但这从作业人员的角度来看，意味着标准作业中的作业内容、范围、作业组合及作业顺序等的一系列变更。因此，为了适应这种变更，作业人员必须是具有多种技能的"多面手"。

③ 质量保证。历来认为，质量与成本之间是一种负相关关系，即要提高质量，就得花人力、物力来加以保证。但在 JIT 生产方式中，却一反这一常识，通过将质量管理贯穿于每一工序之中来实现提高质量与降低成本的一致性，具体方法是"自动化"。这里所讲的自动化是指融入生产组织中的这样两种机制：第一，使设备或生产线能够自动检测不合格产品，一旦发现异常或不合格产品就自动停止设备运行的机制。为此在设备上开发、安装了各种自动停止装置和加工状态检测装置。第二，生产第一线的设备操作工人发现产品或设备出现问题时，有权自行停止生产的管理机制。依靠这样的机制，不合格产品一出现马上就会被发现，防止了不合格产品的重复出现或累积出现，从而避免了由此可能造成的大量浪费。而且，由于一旦发生异常，生产线或设备就立即停止运行，比较容易找到发生异常的原因，从而能够有针对性地采取措施，防止类似异常情况的再发生，杜绝类似不合格产品的再产生。值得一提的是，通常的质量管理方法是在最后一道工序对产品进行检验，尽量不让生产线或加工中途停止，但在 JIT 生产方式中却认为这恰恰是使不合格产品大量或重复出现的"元凶"。因为发现问题后不立即停止生产，问题就得不到暴露，以后难免还会出现类似的问题，同时还会出现"缺陷"的叠加现象，增加最后检验的难度。而一旦发现问题就停止生产，并立即对其进行分析、改善，久而久之，生产中存在的问题就会越来越少，企业的生产素质就会逐渐增强。

3. 实现 JIT 的具体手段

（1）生产同步化。为了实现 JIT，首先需要致力于生产同步化，即工序间不设置仓库，前一工序加工结束后，立即转到下一工序，装配线与机械加工几乎平行进行。在铸造、锻造、冲压等必须成批生产的工序，则通过尽量缩短作业更换时间来尽量缩小生产批量。生产同步化通过"后工序领取"这样的方法来实现,即"后工序只在需要的时间到前工序领取所需的加工品,前工序按照被领取的数量和品种进行生产"。这样,制造工序的最后一道,即总装配线成为生产的出发点,生产计划只下达给总装配线,以装配为起点,在需要的时候,向前工序领取必要的加工品,而前工序提供该加工品后,为了补充生产被领走的量,必向更前道工序领取物料,这样把各个工序连接起来,实现了同步化生产。这样的同步化生产还需通过采取相应的设备配置方法及人员配置方法来实现,即不能采取通常的按照车、铣、刨等工业专业化的组织形式,而按照产品加工顺序来布置设备。这样也带来人员配置上的不同做法。

(2)生产均衡化。生产均衡化是实现JIT的前提条件。所谓生产均衡化,是指总装配线在向前工序领取零部件时应均衡地使用各种零部件,生产各种产品。为此在制订生产计划时就必须加以考虑,然后将其体现于产品生产顺序计划之中。在制造阶段,均衡化通过专用设备通用化和制定标准作业来实现。所谓专用设备通用化,是指通过在专用设备上增加一些工夹具的方法使之能够加工多种不同的产品。标准作业是指将作业节拍内一个作业人员所应担当的一系列作业内容标准化。

4. 实现JIT的管理工具——看板

在实现JIT中具有极为重要意义的是作为其管理工具的看板。看板管理也可以说是JIT生产方式中最独特的部分,因此也有人将JIT生产方式称为"看板方式"。但是严格地讲,这一概念也不正确。因为如前所述,JIT生产方式的本质是一种生产管理技术,而看板只不过是一种管理工具。

看板的主要机能是传递生产和运送的指令。在JIT生产方式中,生产的月度计划是集中制订的,同时传达到各个工厂及协作企业。而与此相应的日生产指令只下达到最后一道工序或总装配线,对其他工序的生产指令则通过看板来实现,即后工序"在需要的时候"用看板向前工序去领取"所需的量"时,同时就等于向前工序发出了生产指令。由于生产是不可能100%完全按照计划进行的,月生产量的不均衡及日生产计划的修改都通过看板来进行微调。看板就相当于工序之间、部门之间及物流之间的联络神经而发挥着作用。

看板除了以上生产管理机能以外还有一大机能,即改善机能。通过看板,可以发现生产中存在的问题,使其暴露,从而立即采取改善对策。

5. JIT与MRPⅡ的区别与联系

MRPⅡ是美国人提出的适用于大批大量生产的管理模式和方法,而JIT则是由日本人发明的适用于精益生产的管理技术,这两者的区别与联系见表2-2。

表 2-2 JIT 与 MRP Ⅱ 的比较

项目	JIT	MRP Ⅱ
库存	一种不利因素。尽一切努力减少库存	一种资产。用来预防预测的误差、机床的故障、供货商拖期交货等。其目的是要控制适量的库存
批量	仅生产立即需要的数量的产品。对自制件与外购件，都只下达最小的需要补充量	用某种公式来计算批量。一般对库存费用和生产准备费用加以折中考虑，用某个公式修正得到最佳批量
生产准备时间	使生产准备时间最少。要求最快地更换刀卡具，以对生产率的影响最小，或备有已经完成生产准备的其他机床。迅速地更换刀卡具，以实现小批量生产，并允许频繁地生产不同的零件	生产准备时间不十分要紧，一般的目标是最大的输出，很少有与丰田汽车公司同样的想法和做出同样的努力来达到快速更换工卡具
在制品库存等待加工队列	取消等待加工队列。当出现等待加工队列时，确定发生的原因，并纠正它们。若在制品库存减少，则说明这一纠正过程是正确的	是需要的投资。当上道工序发生问题时，在制品库存可保证连续的生产
供货商	合作者。他们是协同工作的一部分，把供应看成是自己的扩展部分	有矛盾的甲乙关系。一般都有多个供货来源，这是一种典型的在供货商间挑拨矛盾，以便从中取利的方法
质量	废品为零。如果质量不是 100% 合格，则生产就处于困难状态	允许一些废品。记录实际废品数，并用一些公式来预测废品数
设备的维修	设备稳定并有效地运行。设备的故障要减少到最小	设备维修是必需的。由于允许在制品库存，所以这个问题不是关键
提前期	使提前期压缩。销售、采购及生产管理简化，所以提前期压缩	提前期越长越好。大多数工段长和采购部门希望提前期加长，而不是缩短
工人	按一致的意见进行管理。在没有达到一致意见之前不进行改革，最关键的是工人感到这是自己的企业	按法令进行管理

JIT 追求尽善尽美，如在废品方面，追求零废品率；在库存方面，追求零库存。可以这样说，JIT 的目标是一种理想的境界。JIT 和 MRP Ⅱ 相比，后者更多地考虑了制造业的普遍情况，考虑了较多的不确定因素。人们通常将 MRP Ⅱ 看成是一种计划策略，侧重于长期；JIT 是一种执行策略，侧重于近期甚至当前。JIT 是一种哲理，在许多方面都可以借鉴。在处理 MRP Ⅱ 和 JIT 这两个不同的理论体系方面，正确的态度是将两者结合起来，依靠 MRP Ⅱ 奠定基础，逐渐达到 JIT 的水平。

（四）精益生产

1. 概念

精益生产（Lean Production，LP）方式是美国在全面研究以 JIT 生产方式为代表的日本生产方式在西方发达国家及发展中国家应用情况的基础上，于 1990 年所提出的一种较完整的生产经营管理理论。精益生产方式是对 JIT 生产方式的进一步升华，它是对 JIT 生产方式的提炼和理论总结，将原来主要应用于生产领域的 JIT 扩展到市场预测、产品开发、生产制造管理（其中包括生产计划与控制、生产组织、质量管理、设备保全、库存管理、成本控制等多项内容）、零部件供应管理、产品销售和售后服务等领域，贯穿于企业生产经营的全过程，使其内涵更加全面、丰富，对指导企业生产方式的变革具有可操作性。

精益就是以创造价值为目标，消除浪费的过程。精益就是用较少的资源（人力、空间、设备、资金和时间）获取更多的产出，而且质量更高，成本更低。

精益生产追求的目标：7 个"零"目标，即零切换浪费、零库存、零浪费、零不良、零故障、零停滞、零事故。

与传统的大批量生产相比，精益生产只需要一半的人员、一半的生产场地、一半的投资、一半的生产周期、一半的产品开发时间和少得多的库存，就能生产出质量更高、品种更多的产品。

精益生产关注速度、过程的有效性和顾客的真正需求。

2. 精益生产的 12 条原则

精益生产发展到今天，已经不仅仅是一种生产方式，而是一种管理思想、一种管理原则。企业必须将精益生产的实施上升到企业战略的高度，才能充分发挥出精益生产的强大生命力。因为企业的精益化贯穿了价值创造的全过程：从概念到投产的设计过程、从订货到送货的信息流通处理过程、从原材料到产成品的物质转换过程、全生命周期的支持和服务过程，涉及每一个部门、每一个人，尤其是最高领导层的身体力行。很多国内企业实施精益生产的效果不好，一个重要的原因就是认为精益生产只不过是一种生产方式，将其局限在生产作业层次，其他系统未按照精益的模式要求做出相应转变，结果生产部门孤掌难鸣，费力不讨好，不了了之。

（1）消除八大浪费。日本丰田汽车公司的藤尾长认为，浪费是指"除对生产不可缺少的最小数量的设备、原材料、零部件和人工（工作时间）外的任何东西"。企业中普遍存在的八大浪费：过量生产、等待时间、运输、库存、过程（工序）、动作、产品缺陷及忽视员工创造力。这些浪费需通过低库存、看板管理等制度曝光，然后彻底消除。很多企业对丰田汽车公司的任何人都可以停止生产线的做法不理解，认为这样会带来很多损失浪费，其实丰田汽车公司这样做恰恰在于将问题曝光，督促大家迅速解决。其结果是生产一线有随时停线权利的丰田汽车公司生产几乎不停线，那些生产一线无权停线的公司却经常因为缺料、设备故障或品质问题而停线。

（2）关注流程，提高总体效益。管理大师戴明说过："员工只需对 15% 的问题负责，另外 85% 归咎于制度流程。"什么样的流程就产生什么样的绩效。很多企业出了问题，就责怪员工没做好。长此以往，不服气的员工只好离开。但人员换了一拨又一拨，问题照样出现，管理人员就像消防队员一样到处去救火。灭火不等于改善，关键在于流程本身有无改进。改进流程还要注意目标是提高总体效益，而不是提高局部部门的效益，为了企业的总体效益，即使牺牲局部部门的效益也在所不惜。

(3）建立无间断流程以快速应变。建立无间断流程，将流程中不增值的无效时间尽可能压缩以缩短整个流程的时间，从而快速应变以满足顾客的需要。

（4）降低库存。过高的库存犹如一潭浑浊的、深不可测的死水，各种各样的问题被掩盖在水面之下，如订单处理延迟、品质不良、设备故障、供应商延迟、决策缓慢等。而在精益思维下，库存一目了然，任何问题都不会被隐藏，既有利于解决问题，又减少了资金占用，避免了不必要的库存损失。丰田汽车公司的投资回报率高出其对手数十倍，其中一个重要原因就是其高达87次的库存周转率。

需要指出的是，降低库存只是精益生产中的一个手段，目的是解决问题和降低成本，而且低库存需要高效的流程、稳定可靠的品质来保证。很多企业在实施精益生产时，以为精益生产就是零库存，不先去改造流程、提高品质，就一味要求降低库存，结果可想而知，成本不但没降低，反而急剧上升，于是就得出结论，精益生产不适用。这种误解是需要极力避免的。

（5）全过程的高质量，一次做对。质量是制造出来的，而不是检验出来的。许多制造企业都有专门的车间检验所有的产品以保证品质。事实上检验只是事后补救，不但成本高，而且无法保证不出差错。因此，应将品质内建于设计、流程和制造当中去，建立一个不会出错的品质保证系统，一次做对。精益生产要求做到低库存、无间断流程，必须以全过程的高质量为基础，否则，精益生产只能是一句空话。

（6）基于顾客需求的拉动生产。JIT的本意是：在需要的时候，仅按所需要的数量生产，生产与销售是同步的。也就是说，按照销售的速度来进行生产，这样就可以保持物流的平衡，任何过早或过晚的生产都会造成损失。过去丰田汽车公司使用"看板"系统来拉动生产，现在辅以ERP或MRP信息系统，则更容易达成企业外部的物资拉动。戴尔公司就是这方面的杰出代表。当你通过互联网或电话下了购买计算机的订单以后，戴尔的生产流程就被拉动起来，任何需要的配置都可在一周内生产出来并交付于你。

（7）标准化与工作创新。标准化的作用是不言而喻的，但标准化并不是一种限制和束缚，而是将企业中最优秀的做法固定下来，使得不同的人来做都可以做得最好，发挥最大成效和效率。标准化也不是僵化、一成不变的，标准需要不断地创新和改进，今天最好的方法到了明天不一定是最好的，在现有标准的基础上不断改善，就可以推动组织持续地进步。

（8）尊重员工，给员工授权。现在很多企业都把"以人为本"挂在口头上，但实际做到者并不多。领导者的自高自大对企业是毁灭性的。切记领导者不是法官，而是教练与顾问，需要协助下属来完成任务，而不是只知道发号施令。尊重员工就是要尊重其智慧和能力，给他们提供充分发挥聪明才智的舞台。精益的企业雇佣的是"一整个人"，不精益的企业只雇佣了员工的"一双手"。

（9）团队工作。随着企业的组织规模越来越庞大，管理变得越来越复杂，大部分工作都需要依靠团队合作来完成。在精益企业中，灵活的团队工作已经变成了一种最常见的组织形式，有时候同一个人同时分属于不同的团队，负责完成不同的任务。

（10）满足顾客需要。几乎每个企业都把"满足顾客需要"写入公司宣言。满足顾客需要就是要持续地提高顾客满意度，为了一点眼前利益而不惜牺牲顾客满意度是相当短视的行为。

（11）精益供应链。在传统企业中，企业与供应商是对手、竞争关系，双方互相讨价还价，进行零和博弈；而在精益企业中，供应商是企业长期运营的宝贵财富，是外部合伙人，他们信息共享，风险与利益共担，一荣俱荣、一损俱损。遗憾的是，很多国内企业在实施精益生产时，与这种精益理念背道而驰，为了达到"零库存"的目标，将库存全部推到了供应商那里。精益生产的目标是降低整个供应链的库存。不花力气进行流程改造，只是简单地将库存从一个地方转移到另一个地方，是解决不了任何问题的。当你不断挤压盘剥供应商时，你还能指望他们愿意提供任何优质的支持和服务吗？到头来受损的还是自己。因此，应整合出一条精益供应链，使每个人都受益。

（12）"自我反省"和"现地现物"。精益生产本身就代表了精益求精、持续改善的内涵。精益文化里面有两个突出的特点："自我反省"和"现地现物"。

"自我反省"的目的是找出自己的错误，不断地自我改进。当错误发生时，并不责罚个人，而是采取改正行动，并在企业内广泛传播从每个体验中学到的知识。这是因为绝大部分问题是由制度流程本身造成的，惩罚个人只会使大家千方百计掩盖问题，对于问题的解决没有任何帮助。

"现地现物"则倡导无论职位高低，每个人都要深入现场，彻底了解事情发生的真实情况，基于事实进行管理。这种"现地现物"的工作作风可以有效避免"官僚主义"。在国内的上市公司中，中集集团可以说是出类拔萃的，在它下属的十几家工厂中，位于南通的工厂一直做得最好，其中一个重要原因就是南通中集的领导层遵循了"现地现物"的思想，高层领导每天都要抽出时间到生产一线查看了解情况、解决问题。

（五）敏捷制造

敏捷制造（Agile Manufacturing，AM）是美国为重振其在制造业中的领导地位而提出的一种新的制造模式。1992年，美国通用汽车公司（GM）和理海大学的艾柯卡（Lacocca）研究所正式发表了《21世纪制造企业的战略》，标志着敏捷制造战略的诞生。

由敏捷制造战略引申出的生产管理模式即敏捷制造模式，综合了LP、JIT、MRPⅡ等先进生产管理模式的优点，能系统全面地满足高效、低成本、高质量、多品种、迅速、及时、动态适应、极高柔性等现在看来难以由一个统一生产系统来实现的生产管理目标要求，因而它代表着现代生产管理模式的最新发展。

敏捷制造的特点可概括为：通过先进的柔性生产技术与动态的组织结构和高素质人员的集成，着眼于获取企业的长期经济效益；用全新的产品设计和产品生产的组织管理方法，来对市场需求和用户需求做出灵敏和有效的响应。具体地讲，它有以下特点：

（1）从产品开发到产品生产周期的全过程满足用户需求。

（2）采用多变的动态组织结构（虚拟企业或经济联盟体）。

(3) 战略着眼点在于长期获取经济效益。

(4) 建立新型的标准基础结构，实现技术、管理和人的集成。

(5) 最大限度地调动、发挥人的作用。

（六）数字孪生智能制造

1. 概念

数字孪生，又称数字映射、数字镜像。它是充分运用物理模型、传感器更新、运行历史等数据信息，集成多学科、多物理量、多尺度、多概率的模拟仿真过程，在虚拟空间中进行映射，进而反映对应的实体的全生命周期过程。

近年来，数字孪生这个前沿技术已经获得了工业界与学术界的广泛性关注。现阶段，数字孪生主要被运用于制造业领域。国际数据公司表示，现如今有40％的大型制造商都在运用这种虚拟仿真技术为生产过程建模。数字孪生已成为制造企业迈向工业4.0的解决方案。

伴随着我国智能制造等技术和发展战略的不断出台，数字孪生技术逐渐成为智能制造的一个基本要素。

数字孪生智能制造（Digital Twin Intelligent Manufacturing）系统又称数字化双胞胎系统，它是以数字化方式拷贝的物理对象，模拟工厂在现实环境中的行为，对产品的设计、工艺、制造乃至整个工厂进行虚拟仿真，从而提高产品研发、制造生产效率，提前预判出错的可能，实现节约生产成本、降低生产损耗的目的。

数字孪生智能制造的功能包括生产工艺流程仿真、实时数据视显、生产节拍仿真优化、虚拟调机及设备实时联动虚实交融等，以实现可视化车间的目标，为企业的各级管理人员提供高度可视化的生产线运行和状态信息，大幅提升决策效率。

2. 实施

车间和生产线建成后，引入智能设备和传感器，通过物联网技术，接入真实数据，在日常的运维中二者继续进行信息交互，累积数据，并利用大数据的智能分析方法，为企业的生产线研发、生产、运营和管理创新提供数据支撑。

具体来说，生产线上做数字孪生，首先要进行设备同步，就是以真实的生产线为基础，搭建一套虚拟生产线，通过对真实生产线上每一台设备进行3D建模，并将建好的3D模型放置到虚拟场景内，实现真实生产线和虚拟生产线一一对应。然后进行数据同步。真实的生产线通过PLC驱动，让设备实现一些既定动作，工程师通过采集PLC数据来驱动虚拟环境下相应的设备模型进行同样的既定动作，从而实现真实设备与虚拟设备的实时联动。这样就可以实现生产线的实时监控。监控人员只要坐在监控室内看着虚拟的生产线，就能实时了解真实车间的工作状态，不需要到车间内进行巡视检查。

3. 功能架构

有了数字孪生智能制造系统，可实现以下功能：

（1）人员管理。监控室可以直观看到车间里的操作者，观察他们是否在自己的工位上，正在执行什么任务，工作效率怎样，以及连续工作的时间，还能清晰发现什么人在什么时候出现在了危险工作区。

（2）设备管理。整个车间设备的运行状况一目了然，哪台设备经常处于闲置状态，哪台设备已经超负荷运行，设备的温度、振动、噪声等数据都能进行实时分析，准确预判设备的运行状态，还能将设备的问题通过3D方式展示出来，便于设备管理人员排查隐患，快速解决问题。

（3）运维管理。车间管理人员可以直观看到生产线的工作状态报告。报告中清晰列明了设备排产是否饱满，是否有工序堆积，堆积的原因是什么，是否有加工单元闲置，闲置的原因是什么，人流、物流、AGV是否有冲突。

（4）项目管理。每个订单订了多少个产品，每个产品的部件分配到了哪个工序，它是在哪个设备上加工的，生产进度怎样，提前完成的零部件是否做好了防护和入库，延期生产的原因是什么，都能在虚拟生产线的3D可视化系统里看到。

（5）能源管理。现代企业的能源管理是一项非常重要的工作。利用数字孪生智能制造系统可以整合出整个生产车间的生产消耗，如焊条、刀具、润滑油、保护气等耗材的消耗情况，管材、板材、型材等原材料的消耗情况，水、电、气、蒸汽等能源消耗情况；还能动态整合出车间的污水、废气、粉尘、固体废弃物的排放情况，为车间的环境管理、能源管理提供第一手资料。

思考题

1. 试述生产管理在企业经济活动中的地位和作用。
2. 试述企业生产系统的个性化特征。
3. 生产系统由哪些要素构成？它们之间有何内在联系？
4. 合理组织生产过程的基本要求有哪些？
5. 大量生产、成批生产和单件生产各有何特点？
6. 工艺专业化与对象专业化的区别在哪里？
7. 数字孪生智能制造的优点有哪些？

模块三　车间物料管理

学习目标

【主要能力指标】

了解物料的种类及特点。

了解库存管理。

熟悉物料管理的目标。

掌握物料消耗定额的制定方法。

【相关能力指标】

能够编制物料消耗定额。

能够编制物料需求计划表。

一、物料管理概论

1. 物料的概念

生产企业将最终产品之外的，在生产领域流转的一切材料称为物料，具体指原材料、零部件、半成品、燃料、其他辅助材料、工具、设备，以及生产过程中必然产生的边、角、废料和各种废物等。

2. 物料的分类

企业中使用的物料有不同的分类方法。

按自然属性分，可分为金属材料和非金属材料。这一分法便于物料平衡计算，编制物资目录，进行分类保管。

按重要程度分，可分为 A、B、C 类。A 类物料品种约占 10%，资金约占 65%；B 类物料品种约占 25%，资金约占 25%；C 类物料品种约占 65%，资金约占 10%。这一分类方法的关键是区分并掌握"重要的少数和次要的多数"，简单易行，有助于分析和控制重点物料。一般地，对于高价值的 A 类物料，应集中力量进行控制以减少库存；相反地，对于低价值的物料，如 C 类物料，通常应维持较大库存以避免缺货。

为了便于制定消耗定额、计算需要量、核算成本等，通常把物料按用途进行分类，一般可分为以下大类：

（1）主要原材料，指加工后构成产品实体的物料。

（2）辅助材料，指在生产中起辅助作用，但不构成产品实体的物料，包括工艺用辅助材料（油漆等）、机器设备用辅助材料（润滑油等）、劳动保护用材料、包装材料等。

（3）燃料，包括工艺用燃料（如高炉用）、动力用燃料（如锅炉用）、非生产用燃料（如取暖用）等。

（4）动力，如电力、蒸汽、压缩空气等。

（5）工具，如量具、刀具、辅助工具等。

（6）修理用备件。

3．物料管理的概念

物料管理是指对企业生产经营活动所需各种物料的采购、运输、验收、供应、保管、发放、合理使用、节约代用和综合利用等一系列计划、组织、控制等管理工作的总称。

4．物料管理工作的内容

物料管理包括以下五项工作任务：

（1）预测物料用量，编制物料供应计划。

（2）组织货源，采购或调剂物料。

（3）物料的验收、储备、领用和配送。

（4）物料的统计、核算和盘点。

（5）物料消耗定额的制定和管理，物料的节约，以及废残料等回收物料的综合利用等。

5．物料管理的重要性

物料管理的重要性主要体现在以下四个方面：

（1）保证生产的正常进行。生产过程也就是物料消耗的过程，要使生产正常而有节奏，必须及时供应物料，做好物料管理工作。

（2）降低成本。加工类企业的材料费用在产品成本中占60%～70%，冶金工业中占比更大，而且该比例还有进一步加大的趋势。因此，要降低成本，必须做好物料管理。

（3）加快企业流动资金周转速度。现代大工业企业中储备资金在流动资金中所占比例达50%～60%，库存资金约为销售总额的10%～20%。因此，合理地确定采购批量，加强库存管理和控制，是改善经营、提高经济效益的重要途径。

（4）保证产品质量。现代工业产品精度高、结构复杂，品种、规格繁多，协作供应厂家很多，对入厂材料和配件的质量都有严格要求，这都增加了物料管理的复杂性。做好物料管理对提高产品质量、增强市场竞争能力具有十分重要的意义。

6．物料管理的目标

物料管理的目标是经济且有效地适时（Right Time）、适质（Right Quality）、适量（Right Quantity）、适价（Right Price）、适地（Right Place）地给企业提供各部分所需物

料（简称5R原则），实现物尽其用，货畅其流。

物料管理的精髓体现在"三不"：

不断料：不让制造单位领不到需要的物料，产生待料的现象。

不呆料：不让物料成为呆料。

不囤料：进料适时、适量，不至于因过量、过时而囤积。

二、物料消耗定额管理

（一）物料消耗定额的概念

物料消耗定额是指在一定的生产技术和组织条件下，为制造单位产品或完成单位工作量所规定的必须消耗的物料数量标准。

物料消耗定额有两种表示形式：产品单耗定额和物料利用率定额。产品单耗定额反映单位产品或完成单位工作量所必需的物料消耗数量标准，可以用实物量表示，即用绝对数表示。物料利用率定额是指生产过程中的物料有效消耗量与物料总消耗量之比，它是一个相对数，反映了投入生产物料的有效利用程度。

企业生产经营活动中每时每刻都在消耗大量的物料，物料消耗过程错综复杂，但也存在一定的规律性。这一规律性反映了物料消耗现象之间内在的、必然的联系。因此，产品单耗定额或物料利用率定额有一个最科学、最合理的量。企业应该对物料消耗过程进行深入调查和针对性的分析，找出本企业物料消耗的规律，从而制定出科学、合理、切实、可行的物料消耗定额。

（二）物料消耗定额的作用

产品单耗定额的高低是反映一个企业生产技术和科学管理水平的重要标志。科学合理的物料消耗定额，对促进企业合理节约使用物料、降低物料消耗、促进生产发展、提高经济效益有着十分重要的作用。

1. 物料消耗定额是编制物料计划的重要依据

物料计划中的物料需要量是根据生产计划量和物料消耗定额计算出来的，因此，物料消耗定额是编制物料计划的基础数据。

2. 物料消耗定额是科学地组织物料控制的重要基础

物料控制工作的精髓是不断料、不呆料、不囤料。有了物料消耗定额，就可以根据定额要求，按生产计划进度，及时、均衡地组织物料供应，按定额限额发料，按定额检查督促物料使用，按定额开展物料核销工作，按定额核算合理的物料储备，保证企业生产活动正常有序地进行。

3. 物料消耗定额是促进企业增产节约的重要途径

物料消耗定额从制度上明确规定了耗用物料的数量规范。有了物料消耗定额，就能有效地监督和促进各工段、班组在生产过程中合理节约使用物料，处处精打细算，千方百计地降低物料消耗，从节约中求得增产，从低消耗中获得高效益。

4. 物料消耗定额是开展经济核算的有力工具

物料消耗定额是编制成本计划、计算产品成本的重要依据。有了物料消耗定额,才能对每种零件和每种产品的资金占用、成本高低逐项进行核算分析,经济核算工作才能有效进行。

5. 物料消耗定额是促进企业提高生产技术水平、经营管理水平和作业人员操作技能水平的重要手段

先进合理的物料消耗定额是建立在先进的生产技术、工艺水平和管理经验基础上的。随着定额的贯彻和不断修订,就可以促使企业改进设计和工艺,改善生产组织和劳动组织,提高作业人员的操作技能水平。

(三)物料消耗定额的构成

物料消耗定额的构成包括三个部分:

(1)产品有效消耗。指构成产品(或零件)净重的原材料消耗。它取决于产品的设计、结构和所用的物料,与产品设计水平有直接关系。

(2)工艺性损耗。指在生产工艺过程中使物料的原有形状和性能改变而产生的一些不可避免的物料损耗,如机械加工中的下料锯口、边角余料等。它属于生产过程中产生的不可避免的损耗,它的高低由企业工艺技术水平所决定。

(3)非工艺性损耗。指产品净重和工艺性损耗以外的物料损耗,包括生产过程中产生的非工艺性损耗和流通过程中产生的非工艺性损耗。它主要是由生产技术水平低、管理不善、物料供应不符合要求或其他人为因素造成的损耗。

(四)物料消耗定额制定方法

物料消耗定额的制定,包括"定质"和"定量"两个方面。

1. 定质

定质,即确定所需物料的品种、规格和质量要求。选择的原则是技术上可靠、经济上合理、供应上可能。具体应考虑以下因素:

(1)符合产品功能的要求,即保证产品符合国家规定的技术或合同规定的技术要求和条件。这是首要因素。

(2)有良好的工艺性,即在保证产品质量的前提下,有利于采用先进工艺和操作方法,有利于提高劳动生产率和设备利用率。

(3)符合降低产品成本的要求,即要尽量避免采用贵重物料、进口物料,要充分考虑材料合理代用;尽可能采用规格标准化的材料;尽量考虑就地就近供应物料,以降低运输费用。

(4)考虑到现实的资源和供应可能性。

在实际选择时,应综合考虑以上各项因素,选出最优方案。

2. 定量

定量,即确定物料消耗的数量。通常按主要原材料、辅助材料、燃料、动力和工具

等分类制定。制定的方法通常有：

（1）经验估算法。根据技术人员和生产工人的实际经验，结合参考有关技术文件和产品实物，考虑计划期内的生产技术组织条件等因素，通过估算制定物料消耗定额的方法，称为经验估算法。该方法简便易行，工作量小，但受主观经验的局限性大，因而定额的精确程度较差。

（2）统计分析法。根据对实际消耗的历史统计资料进行加工整理和分析研究，并考虑计划期内生产技术和生产条件的变化等因素，经过对比、分析、计算，从而制定物料消耗定额的方法，称为统计分析法。一般在具有比较齐全的统计资料的情况下采用此方法。

（3）实际测定法。运用现场称（重量）、量（尺寸）和计算等方法，对工人操作时的物料实耗数量进行测定，通过分析研究，制定物料消耗定额的方法，称为实际测定法。它的优点是切实可靠，能消除某些消耗不合理的因素。

（4）技术分析法。技术分析法又称技术计算法，是指按照构成定额的组成部分和影响定额的各种因素，如产品设计结构、配方、工艺要求、所用设备、原材料质量及规格等，通过科学分析和技术计算，从而制定物料消耗定额的方法。这种方法要求具备完整的技术资料，计算工作量较大，因而使用范围受到定额的限制。一般地，对于设计图纸和工艺文件比较齐全、产量较大的产品，在对主要原材料消耗定额制定时采用这种方法比较适宜。

（五）降低物料消耗定额的途径

1. 改进产品设计

产品设计是否合理，不仅直接影响产品的结构、性能，而且在一定程度上决定生产过程中物料的消耗。在保证产品必要功能的前提下减轻产品的重量，是节约材料的重要途径。

2. 采用新工艺、新技术

采用新工艺、新技术，改革旧工艺、旧技术，是降低物料消耗的又一重要途径。工艺性损耗虽在生产过程中是不可避免的，但损失量的大小与生产工艺直接有关。

3. 套裁下料

套裁下料是指采用同一种或几种材料来加工若干种规定尺寸和数量的零件或毛坯。在机械制造行业，套裁下料对降低物料的消耗同样起着重要作用。

4. 材料代用

材料代用是指以廉价材料代替贵重材料，以长线物料代替短线紧缺物料。

5. 回收利用废旧物料

废旧物料是指生产过程中产生的边角料、工艺夹头、不合格产品及过期不能正常使用的合格产品等。这类物料可以回收利用以节约成本。

6. 加强设备维修和不断改造老设备

机械设备投入使用后会发生磨损，如果设备处于不良运行状态，不仅影响产品产量、质量和生产安全，还会使物料由于不能合理使用而发生超耗，由此引起跑、冒、滴、漏而造成浪费。

三、物料计划管理

（一）物料计划的概念

物料计划是由生产计划驱动而生成的，它利用生产计划表、物料清单表、库存报表、已订购未交货单等相关资料，经正确计算而得出各种物料需求量，是一种提出各种新订购量或修正各种已开出订购量的物料管理技术。

物料计划是为保证生产顺利进行而编制的，是企业计划期内物料供应活动的行动纲领。它和企业的物流能力、物料需求、制造需求、采购需求等紧密联系。

1. 物料计划的内容

企业物料计划包括三个方面的内容：一是确定企业计划期的物料需用量；二是确定物料消耗定额；三是清查企业的库存资源，经过综合平衡，编制出物料需求计划、物料采购计划等，并组织实现。

2. 物料计划的意义

（1）物料计划是订货和采购的依据。事先做好周密计划，可以避免订购错误，同时可以对物料市场价格波动进行合理预测，做出适时反应。

（2）物料计划可以作为监督物料合理使用的标准。物料计划设置了一些考核指标，如计划准确率、订货合同完成率、库存物料周转率、库存物料超期或报废的损失率等。

（3）物料计划有助于存货控制和物流配送。物料计划包括物料的分配和配送计划。通过运用相应的控制工具和管理方法可更好地协调生产与市场之间的关系，从顾客需求出发，控制从材料到产成品之间的计划和综合。

（二）编制物料计划的准备工作

1. 做好市场预测，掌握物料市场动态

对物料做好市场调研工作，分析货源，调查了解现有的供应量、供货方的生产能力、今后市场需求变化趋势及其替代品，并联系本企业生产计划，确定某物料的需求计划。

2. 收集企业内部的相关数据资料

收集企业内部资料，如物料消耗定额、生产计划、在制品数量、产品设计更改单、物料供应与物料消耗规律分析、上期物料计划在执行中的问题、在途及库存物料资源、委托加工物料资源、预计计划期初资源等。

3. 制定物料消耗定额

制定物料消耗定额是现代物料管理的基础工作和重要手段，也是编制物料计划的依据和考核物料消耗的标准。

（三）物料计划的编制、执行、检查与修订

1. 物料计划的编制

按计划期长短分年度、季度、月份物料计划。编制步骤如下：

（1）审核数据和计算指标。

审核数据，如生产部门的物料需求、需要时间、物料消耗定额、预期期末库存、周转库存、物资配套、资金定额等。

（2）综合平衡。

物料计划与其他计划（如生产计划、运输计划、资金计划、库存计划等）要进行综合平衡。

（3）编制计划。

物料计划一般由三部分组成：物料核算表、待购物料表和文字说明。

物料核算表主要是对计划期所需要的物料进行核算，内容包括计划期任务量、物料消耗定额、物料消耗的统计资料。

待购物料表是企业在确定了计划期物料需用量、计划期初库存量、计划期末储备量基础上编制的。

文字说明主要是为了反映表格不能表达或无法反映的情况，供企业决策层了解情况、审核计划、平衡分配作参考。

2. 物料计划的执行

物料计划的执行要落实资源，积极组织力量，通过订货、采购、委托加工、协作等形式保证物料供应。物料入厂后，一方面要及时发放，另一方面要加强物料管理，定额发料，防止浪费。物料计划执行的方法主要有两种：

（1）签订内部经济合同。物料供应部门与用料单位签订内部经济合同，明确双方经济责任。

（2）定额承包。物料供应部门把主要生产用料按消耗定额承包给用料单位，奖励节约。

3. 物料计划的检查

主要检查的内容有：计划需要量与实际耗用量对比，物料衔接情况、供货合同执行进度和情况，物料消耗定额执行情况，物料节约使用情况等。

检查分为全面检查、专题检查、定期检查、统计资料对比与现场分析、计划期结束后的物料核销检查等。

检查时应做到"有法可依，有章可循"。可事先制定好考核指标，对照指标检查。

4. 物料计划的修订

在物料计划执行过程中，要根据执行期的情况和外部条件的变化而对其进行修订。一般物料计划修订的原因有：生产计划的变动、设计的变动、工艺的变动、计划本身不准确等。

修订方法包括：

(1) 定期修订。多在订货前修订。

(2) 经常修订。对随时可能发生的变化进行的局部性的、较小的修订。

(3) 专项修订。当实际进程与原计划任务相差较大时进行的修订。

(四) 物料需求计划

可以借助计算机来制订物料需求计划（MRP），在满足需求的前提下使资源分配最合理、消耗最少。物料需求计划是一种"保证既不出现短缺，又不积压库存"的计划方法。

1. 物料需求计划的基本原理

根据产品的生产量，计算出构成这些产品的零部件与原材料的需求量与需求时间；根据物料需求的时间和生产（订货）周期确定各零部件开始生产（订货）的时间。当计划的执行情况有变化时，还能根据新情况分轻重缓急，调整生产优先顺序，重新编制出符合新情况的作业计划。

2. 物料需求计划的工作程序

(1) 编制生产计划和主生产计划。

(2) 编制产品结构图和各种材料、零部件明细表。

(3) 正确掌握材料、零部件库存资料。

(4) 规定各种材料、零部件的采购交货日期、订货周期、订购批量。

(5) 经物料需求计划计算，确定各种物料总需要量和实际需要量。

(6) 按照物料实际需要量、订购批量和订货周期，发出采购通知单。

3. 物料需求计划的编制方法

物料需求计划的编制方法：可以通过计算各库存项目的毛需求量和净需求量，从而编制各库存项目的订货计划。物料需求计划计算的净需求量是指考虑该项目的现有库存量、已订货的计划交货量和安全库存量后的需求量，即

$$净需求量 = 毛需求量 + 安全库存量 - 现有库存量 - 计划交货量$$

4. 物料需求计划的输入/输出信息

物料需求计划的输入信息应包括主生产计划信息、库存信息及物料清单（Bill of Material，BOM）。

物料清单也叫零件结构表、物料表，是指将产品的原材料、零配件、组合件予以拆解，并将各项材料依材料编号、规格、基本单位、供应厂商、单机用量、产品损耗率等按照制造流程的顺序记录下来，排列一个清单。

物料需求计划的输出信息主要包括订货通知单。

四、库存管理

(一) 库存的概念

库存是指为了满足未来需要而暂时闲置的资源。淘汰的闲置就是库存，与它是否存

放在仓库中没有关系，与资源是否处于运动状态也没有关系。

（二）库存的作用

库存既有利，又有弊。库存会占用企业大量的资金，减少企业利润，甚至导致企业亏损，但企业还必须要维持一定量的库存，以维持生产的正常进行。归纳起来，库存有以下几方面作用：

1. 缩短订货提前期

当企业维持一定量的成品库存时，顾客就可以很快采购到他们所需的物品，这样缩短了顾客的订货提前期，加快了社会生产的速度，也能使企业争取到顾客。

2. 适应市场的需求变化

在当今激烈竞争的社会中，外部需求的不稳定性是正常现象，而生产的均衡性又是企业内部组织生产的客观要求。外部需求的不稳定性与内部生产的均衡性是矛盾的。要保证满足需方的要求，又使供方的生产均衡，就需要维持一定量的库存。

3. 实现经济订货规模

需要一件采购一件，可以不需要库存，但不一定经济。订货需要费用，如果一次采购一批，分摊在每件物品上的订货费用就会大大减少。

4. 防止短缺和中断

在生产过程中维持一定量的在制品库存，可以防止因某道工序的加工设备发生故障而造成的短缺和生产中断。

（三）仓库

库存物料存放的地点即为仓库。它的功能包括物品的进出、贮存、保管、配送。

仓库一般按物料在生产中的作用分为主要原材料库、辅助材料库、燃料库、维修用备件库；按物料存在状态分为原材料库、成品库、零部件库、备件库、在制品库。

仓库管理应做到科学、有序、定置、合理，一般应遵循以下原则：

1. 面向通道保管

为使物品出入库方便，容易在仓库内移动，基本条件是将物品面向通道保管。

2. 尽可能地向高处码放，提高保管效率

有效利用库内容积，应尽量向高处码放。为防止物品破损，保证安全，应当尽可能使用货架等保管设备。

3. 根据出库频率选定位置

出货和进货频率高的物品应放在靠近出入口、易于作业的地方；流动性差的物品应放在距离出入口稍远的地方；季节性物品则依其季节特性来选定放置的场所。

4. 同一品种在同一地方保管

为提高作业效率和保管效率，同一物品或类似物品应放在同一地方保管。员工对库内物品放置位置的熟悉程度直接影响出入库的时间，将类似的物品放在邻近的地方也是提高效率的重要方法。

5. 根据物品重量安排保管的位置

安排放置场所时,要把重的东西放在下边,把轻的东西放在上边;需要人工搬运的大型物品则以腰部的高度为基准。这是提高效率、保证安全的一项重要原则。

6. 依据形状安排保管方法

依据物品形状来保管也是很重要的,如标准件应放在托盘或货架上来保管。

7. 依据先进先出的原则

对于易变质、易破损、易腐败的物品,以及机能易退化、老化的物品,应尽可能按先进先出的原则,加快周转。

(四) 物料储备定额管理

为了保证生产和销售的连续性、均衡性,需要保有一定的库存。如何在保证生产和销售的连续性和均衡性的前提下,确定一个合理的、经济的库存量(物料储备定额)是库存管理的一个重要课题。

1. 物料储备

企业物料储备是指已由外部供应单位进入厂内,但还未投入生产领域而在一定时间内需要在仓库内暂时停滞的物料。它通常包括四部分:

经常储备:为了保证两次进货的间隔期内正常供应而建立的储备。

保险储备:为了防止供应过程发生的意外中断而建立的储备。

季节储备:为了适应进料、用料的季节性特点而建立的储备。

竞争储备:根据市场竞争的需要而建立的储备。

2. 物料储备定额的制定

(1) 储备定额的分类。

① 按储备定额指标的计算单位不同,分为"实物量""货币量""时间"储备定额三种。

② 按储备定额的综合程度不同,分为个别物料储备定额、类别物料储备定额和综合物料储备定额三种。

③ 按物料储备的作用不同,分为经常储备定额、保险储备定额、季节储备定额及竞争储备定额四种。

(2) 储备定额的影响因素。

它受企业内部和外部许多因素的制约。企业内部因素主要包括企业的性质和特点、企业的规模和专业化程度、企业内部物料管理体制、企业管理水平等方面。企业外部因素主要包括社会物料生产发展水平、社会物料生产力布局、竞争对手情况、物料本身的性质等方面。

(3) 储备定额的制定方法。

储备定额的制定方法很多,主要有供应期法、保证供应率法和经济订购批量法三种。

① 供应期法。

$$经常储备定额 = 平均日需用量 \times 供应天数$$
$$平均日需用量 = 计划期物料总需用量/计划期天数$$
$$保险储备定额 = 平均日需用量 \times 保险储备天数$$
$$季节储备定额 = 平均日需用量 \times 季节储备天数$$

② 保证供应率法。

采用此法的物料一般是任务量不明确，消耗规律难掌握，不能直接核算出需用量的用料，如维修用料。它反映了物料储备对生产需要的满足程度。其中，安全系数法是保证供应率法中的一种。

③ 经济订购批量法。

经济订购批量法是指以某种物料的经济订购批量为依据来确定经常储备定额的方法。经济订购批量是指某种物料的订购费用和保管费用之和的总费用最低的一次订购数量。

（五）储备量控制方法

生产实践中有不同的储备量控制方法，企业可根据实际情况灵活选用。储备量控制方法主要有以下五种：

1. 定量库存控制法

定量库存控制法又称订购点法，即预先制定一个订购点的库存量水平，当库存量降低到订购点时，即能够自行发出订购单。它是一种以固定订购点和订购批量为基础的库存量控制方法。它采用永续盘点方法，对发生收发动态的物资随时进行盘点，当库存量降低到订购点时就提出订购，每次订购数量相同，而订购的时间不固定，由物资需要量的变化来决定，其关键是正确地确定订购点。订购点的计算公式如下：

$$订购点 = 备运时间需用量 + 保险储备量$$
$$= 平均每日需用量 \times 平均备运天数 + 保险储备量$$

2. 定期库存控制法

定期库存控制法是指订购的时间预先固定，如每月订购一次，而每次订购数量则不固定，随时根据库存的情况来决定。它是以固定检查和订购周期为基础的一种库存量控制方法。它对库存物资进行定期盘点，按固定的时间检查库存量并随即提出订购，补充至一定数量。

订购批量的计算公式如下：

$$订购批量 = 订购周期需要量 + 备运时间需要量 +$$
$$保险储备量（现有库存量 + 已订未到量）$$
$$= （订购周期天数 + 平均备运天数）\times 平均每日需用量 +$$
$$保险储备量（现有库存量 + 已订未到量）$$

3. 定期定量混合控制法

定期定量混合控制法也称最高最低库存量控制法。它是以规定的最高库存量标准和最低库存量标准为基础的一种库存量控制法。

它由3个参数组成,即检查周期、订购点和最高库存量。

当采用这种方法时,订购点除了包括备运时间需要量和保险储备量外,还包括检查周期需要量。

$$订购点(s) = 备运时间需要量 + 检查周期需要量 + 保险储备量$$

$$备运时间需要量 = 平均备运天数 \times 平均每日需用量$$

$$最高库存量(S) = 检查周期需要量 + 订购点$$

$$订购批量(Q) = 最高库存量 - 现有库存量$$

4. 经济批量控制法

经济批量控制法通过研究物资订购费用、存储费用与订购次数、订购数量之间的关系,对订购费用与存储费用进行最优化决策。它的使用前提有以下几项假设:

(1) 一定时期内企业订购某种物资的总量是一定的。

(2) 对各种物料的需求是相互独立的,不考虑物料之间的联系。

(3) 物料需求具有连续性,且相对稳定。

(4) 库存一旦低于订购点,企业能立即发出订购单。

5. ABC分类控制法

ABC分类控制法是指把品种繁多的物资,按照某种标准(资金占用、消耗数量、重要程度等)进行分类排队,区分出A、B、C三类物资,分别采用不同的管理方法,既突出重点,又照顾一般。

(六) 库存相关成本

有三大类成本对库存决策起到决定性的重要作用,即采购成本、库存持有成本和缺货成本。这些成本之间互相冲突或存在悖反关系。要确定订购量,补足某种产品的库存,就需要对其相关成本进行权衡。

1. 采购成本

补货时,采购商品的相关成本往往是决定再订货数量的重要经济因素。发出补货订单后,就会产生一系列与订单处理、准备、传输、操作、购买相关的成本。确切地说,采购成本可能包括不同订货批量下产品的价格或制造成本,生产的启动成本,订单经过财务、采购部门的处理成本,订单传输到供应地的成本,货物运输成本,在收货地点的所有物料搬运或商品加工成本。

2. 库存持有成本

库存持有成本是因一段时期内存储或持有商品而产生的,大致与所持有的平均库存量成正比。该成本可以分成四种:

空间成本:因占用存储建筑内立体空间所支付的费用。

资金成本:库存占用资金的使用成本。

库存服务成本:保险和税收成本。

库存风险成本：与产品变质、短少、破损或报废相关的费用。

3．缺货成本

缺货成本是指由于无法满足用户的需求而产生的损失。缺货成本由两部分组成：其一是生产系统为处理误期任务而付出的额外费用，如赶工的加班费、从海运改为空运产生的额外运费负担等；其二是误期交货对企业收入的影响，包括误期交货的罚款等。

思考题

1. 什么叫物料？它是如何分类的？
2. 什么叫物料管理？它的工作内容有哪些？
3. 降低物料消耗的主要途径有哪些？
4. 什么叫 MRP？它的工作原理是什么？
5. 什么是缺货成本？如何降低缺货成本？
6. 如何理解采购的 5R 原则？
7. 制定物料消耗定额的方法有哪些？
8. 库存的作用有哪些？

模块四 车间工艺技术管理

【主要能力指标】

　　了解工艺管理的内容。
　　了解产品设计的工艺性审查。
　　熟悉工序能力指数的计算。
　　掌握工艺管理的原则。

【相关能力指标】

　　能够编制工艺规程。
　　能够计算一个工序的工序能力指数。

　　材料、设备、工艺是企业生产的基本要素，是反映企业技术水平的主要标志。其中，工艺技术是企业技术诸要素的核心。一件产品能否研制出来，在很大程度上与工艺技术水平相关；一件产品的质量如何，也与工艺技术是否合理应用息息相关。因此，车间的工艺技术水平是企业经营成败的关键之一。

一、工艺管理基本知识

（一）有关概念

　　工艺是指投入品加工成产出品的过程。
　　工艺技术是指利用生产工具对投入品进行加工或处理，使之成为产出品的方法和步骤。
　　工艺管理是对企业工艺进行组织、计划、监督和控制的总称。工艺管理是企业技术管理的一个重要组成部分。

（二）工艺技术的作用

工艺是企业生产的基本要素之一，是企业技术水平高低的体现。其中，工艺技术决定了产品的加工路线、零件加工方法，从而决定了采用什么样的设备及工装。先进合理的工艺技术在企业生产中具有以下作用：

1. 保证和提高产品质量

为了保证和提高产品质量，企业必须从产品研制、生产和销售的全过程着手，加强各方面的质量管理。从产品的研制过程看，科学合理的工艺技术是保证和提高产品质量的重要环节。

2. 提高生产率

先进合理的工艺技术可以使企业在生产加工过程中充分利用人力资源，节约劳动时间，发挥设备能力，从而提高劳动生产率。国外统计资料表明，劳动生产率的提高有60%~80%是靠采用新工艺、新技术取得的。机械加工企业提高劳动生产率的方法有：提高切削量，采用高速切削；改进工艺方法，创造新工艺；提高自动化程度；等等。

3. 降低成本

先进合理的工艺技术可以使企业节省和合理选择原材料，应用新材料，合理使用和改进现有设备。先进的制造技术和加工方法，可使原材料和能源消耗大大降低。

4. 保证产品开发

先进的设计可以促进新产品工艺的发展，而先进工艺的开发与储备又可为设计水平的提高创造条件。没有先进的工艺为基础，就不可能设计出先进的新产品，即使设计出新产品也制造不出来。

（三）工艺管理的原则

为了使企业工艺管理在保证产品质量与可靠性、降低物质消耗、提高企业经济效益等几个方面发挥必要的作用，工艺管理应遵循以下几条原则：

1. 质量原则

工艺及工艺管理必须达到产品制造过程中保证质量的要求。

2. 经济原则

工艺管理必须在保证产品质量的同时，突出产品制造过程的经济原则。

经济原则，即技术先进性与经济合理性的统一，是企业工作的一项基本原则，也是工艺管理的基本原则。

3. 突破原则

突破原则是指工艺管理工作应在完善工艺管理体制，提高工艺文件的完整性、正确性、统一性，使生产现场文明整洁、设置有序、降低原材料、能源消耗的基础上有一个质的飞跃。目前企业管理中开展的"工艺突破口"工作，是指企业坚持不懈地把"加强工艺管理、严格工艺纪律、提高工艺水平、稳定和提高产品质量"作为目标。

4. 开发原则

开发原则是指把新产品开发与工艺的开发摆在同样的位置上予以重视。随着科技的更新和市场竞争的加剧，一方面给工艺管理注入了巨大的动力，另一方面也给工艺管理增加了越来越大的压力，促使工艺技术必须加快开发速度，缩短更新的周期。企业只有不断地开发新工艺，进行工艺创新，才能保证产品加速更新换代。

5. 服务原则

服务原则是指企业必须处理好工艺对制造过程的保证作用与服务作用。

工艺对制造合格产品起着重要的保证作用。在保证产品的质量与可靠性、降低原材料和能源消耗、提高劳动生产率、降低产品成本等方面，工艺对制造过程的保证作用是十分必要的。同时，任何一种制造过程的最终目的是要生产出具有各种性能的合格产品，企业的一切工作实际上都是为了完成这项任务而服务的，因此，工艺管理应摆正自己的服务地位，才能发挥好自己的作用。

（四）工艺管理的内容

工艺管理是一个系统的工作，它是把产品设计转变成产品实物的桥梁，完整的工艺管理工作包括以下内容：

（1）产品设计的工艺性审核验证工作。

（2）工艺方案的制订与评价工作。

（3）工艺规程的制定和工艺文件的编制工作。

（4）工装的设计与管理工作。

（5）生产现场的工艺工作。

二、产品设计的工艺性审查验证

企业在新产品开发过程中，产品设计工作是至关重要的，但同时，在产品设计定型前必须对产品进行工艺性审查，以保证产品结构的工艺性，从而保证试生产和批量生产的顺利进行。

（一）产品设计的工艺性审查

对于所有新设计或改进设计的产品，在设计过程中均应进行工艺性审查。

所谓工艺性，是指所设计的产品结构在一定的生产条件下制造、维修的可靠性和经济性。因此，产品设计必须有良好的工艺性才能投入生产，才会取得较好的经济效益。

1. 产品设计工艺性审查要求

（1）产品图纸的工艺性应合理。全面检查产品图纸的工艺性，如定位、基准、紧固、装配、焊接、调试等加工要求是否合理，所应用的工艺是否正确可行。

（2）产品的加工装配方案应可行。

（3）制造产品的材料应可用。

（4）工艺水平应达到要求。

2. 产品设计工艺性审查内容

为了使所设计的新产品具有良好的工艺性，在产品设计的各个阶段均应进行工艺性审查。工艺性审查阶段的划分要与产品设计阶段的划分相一致，一般按初步设计、技术设计和工作图设计三个阶段进行工艺性审查。

（1）产品初步设计阶段的工艺性审查内容主要包括：从制造观点分析设计方案的合理性、可行性和可靠性；分析比较设计方案中的系统图、电路图、结构图及主要技术性能参数的经济性和可行性；分析主要原材料、配套元器件及外购件的选用是否合理；等等。

（2）产品技术设计阶段的工艺性审查内容主要包括：分析产品各组成部分进行装配和检测的可行性；分析在机械装配时避免或减少切削加工的可行性；分析在电气安装、连接、调试时避免或减少更换元器件的可行性；分析特殊零部件和专用元器件外协加工或自制的可行性。

（3）产品工作图设计阶段的工艺性审查内容主要包括：分析各零部件是否具有合理的装配基准和调整环节；分析各电路单元分别调试、检测或联机调试、检测的可行性；分析产品零件的铸造、焊接、热处理、切削加工、冲压加工、表面处理等的工艺性；分析产品在安装、调试、使用、维护、保养方面是否方便、安全。

（二）产品设计的工艺性验证

产品设计的工艺性验证是指在新产品研制和批量试制阶段对工艺能否保证达到产品设计任务书的要求所进行的一系列验证工作。它包括对新工艺和新工装的验证，协助新产品试制部门解决重大的工艺技术问题，对新产品设计和制造的工装进行试用等。

1. 产品设计工艺性验证的类型

产品设计工艺性验证是在样机试制和小批量试生产中进行的，因此，产品设计工艺性验证可分为样机试制的工艺性验证和小批量试生产的工艺性验证。

2. 产品设计工艺性验证的内容

（1）样品试制阶段。在这一阶段，主要验证产品结构的工艺性。

（2）小批量试制阶段。在这一阶段，主要验证的是工艺准备，目的是考验产品的工艺，进一步检验图纸的工艺性，验证全部工艺文件和全部工装，并对设计图纸再一次进行审查修改。

3. 产品设计工艺性验证的方法

产品设计工艺性验证主要采用科学的试验法。运用这种方法可以查明工艺保证质量的能力和工艺的稳定性。要定量衡量这两方面的水平，可运用工序能力指数和控制图法进行计算。最常用的方法有：

（1）对比试验：为确定两种或多种研究对象的优劣异同所安排的试验。

（2）析因试验：由已知结果再去寻找原因的试验。例如，在工艺验证中发现工艺流程不稳定，就需要查明原因，以便采取措施修改工艺。

三、工艺方案的制订与评价

工艺方案是新产品加工处理方案，它规定了产品加工所采用的设备、工装、切削用量、工艺过程及其他工艺因素。工艺方案是产品研发过程中工艺准备工作的总纲，也是进行工艺设计、编制工艺文件的指导性文件。

（一）工艺方案的类型及内容

1．工艺方案的类型及特点

企业生产类型可分为单件小批生产、中批生产和大批生产三种，因此工艺方案也可分为以下几种：

（1）单件小批生产工艺方案。这种工艺方案的产品品种多，经常改变，每种产品只制造一件或几件，一种产品制造后，一般不再重复制造。

（2）大批生产工艺方案。这种工艺方案的产品品种很少，产量较大，经常重复生产同一种产品。工作场地经常固定地执行同种产品的一道工序，并且高度集中化。

（3）中批生产工艺方案。这种工艺方案介于上述两者之间。

三种工艺方案的比较见表4-1。

表4-1　三种工艺方案的比较

方案类型	单件小批生产工艺方案	中批生产工艺方案	大批生产工艺方案
产品数量	少	中等	大量
加工对象	经常变换	周期性变换	基本固定不变
机床设备和布置	采用万能设备按机群布置	采用万能和专用设备，按工艺路线布置成流水线	广泛采用专用设备和自动生产线
夹具	非必要时不用专用夹具	广泛使用专用夹具和特种工具	广泛使用高效能专用夹具和特种工具
刀具和量具	一般刀具和量具	专用刀具和量具	高效率专用刀具和量具
安装方法	画线找正	部分画线	无须画线找正
加工方法	根据测量进行试加工	用调整法加工	用调整法自动化加工
装配方法	钳工试配	普遍应用互换性，同时保留某些试配	全部互换
毛坯制造	采用型材木模造型和自由锻造	金属造型和模锻	采用金属模机器造型、模锻、压力铸造等高效毛坯制造法
工人技术要求	高	中等	一般
工艺过程要求	只编制简单的工艺过程卡	除有较详细的工艺过程卡外，对重要零件的关键工序需有详细说明的工序操作卡	详细编制工艺过程和各种工艺文件
生产率	低	中	高
成本	高	中	低

2. 工艺方案的主要内容

（1）产品应达到的质量标准。根据产品的性质和设计要求，必须从制造工艺上规定产品相应的质量要求和质量指标。例如，为保证产品及主要零部件的质量，应规定其尺寸、外观要求、材质性能和耐用寿命等。对于关键零件的关键工序，还应规定合理的切削用量，并保证必要的工时。

（2）工艺路线。工艺路线又称工艺流程，是构成产品的各个零件在生产过程中所经过的路线。它是编制工艺规程和进行车间分工的重要依据。

（3）劳动量。制造产品所耗用劳动量的大小，主要取决于产品的复杂程度和结构特征、企业的生产类型和作业方式等因素。

（4）材料利用率。由于在工业产品的制造成本中，材料费用一般要占全部成本的40%～60%，有些产品甚至达到70%～80%以上，因此，本着节约的原则，对毛坯制造和零件加工提出具体要求，以最大限度地提高材料利用率。在工艺方案中，对节约材料的途径要有详细的考虑。

（5）工装系数。产品制造所需专用工装套数和产品专用零件种数之比称为工装系数。它与工艺方案中的质量、劳动量、材料利用率等指标都有直接关系。

（二）工艺方案的选择

工艺方案的选择主要是指选择自制还是选择外协外购。它涉及技术及其他相关问题的选择，并且对生产能力计划、工厂和设备的布置及工作系统设计有着重要的影响。

在决定自制或外购产品时，通常需要考虑以下因素：

1. 已有生产能力

如果一个企业已有现成的设备、必要的技术和时间，自己生产部件就更合适，因为相对于外购或转包来说，自己生产增加的成本相对较少。

2. 专业技能

如果一个企业缺少开展一项工作所必需的生产专业技能，外购可能是一个合理的选择。

3. 质量的考虑

专业工厂提供的产品经常比企业自制的质量要高。

4. 需求特性

如果产品需求较高且稳定，那么企业自制更合适；如果需求波动大或批量小，那么由专业工厂提供产品就更合适。

5. 成本

自制或外购时需实现成本节约，成本节约有可能来自产品本身，也可能来自运输成本的节约。

四、工艺规程的制定和工艺文件的编制

工艺规程是指将工艺过程的各项内容按一定格式编写成的文件。它是工艺文件中最主要的部分，是工艺过程中使用的用来指导生产的工艺文件。

（一）有关概念

1. 工序

一个（或一组）工人，在一个固定的工作地点（一台机床或一个钳工台），对一个（或同时对几个）工件所连续完成的那部分工艺过程称为工序。它是工艺过程的基本单元，也是生产计划和成本核算的基本单元。工序的安排组成与零件的生产批量有关（单件小批、大批大量）。

2. 安装

工件在加工前，在机床或夹具中相对刀具应有一个正确的位置并给予固定，这个过程称为装夹，一次装夹所完成的那部分加工过程称为安装。安装是工序的一部分。

在同一工序中，安装次数应尽量少，这样既可以提高生产效率，又可以减少由于多次安装带来的加工误差。

3. 工位

为减少工序中的装夹次数，常采用回转工作台或回转夹具，使工件在一次安装中，可先后在机床上占有不同的位置进行连续加工，每一个位置所完成的那部分工序称为一个工位。

采用多工位加工，可以提高生产率和保证被加工表面间的相互位置精度。

4. 工步

工步是工序的组成单位。在被加工的表面，在切削用量（指切削速度、背吃刀量和进给量）、切削刀具均保持不变的情况下所完成的那部分工序称为工步。若其中有一个因素变化，则为另一个工步。若同时对一个零件的几个表面进行加工，则为复合工步。

5. 走刀

刀具对工件的每一次切削称为一次走刀。

有些工步，由于余量较大，需要同一刀具在同一切削用量（不包括切削深度）下，对同一表面进行多次切削，就是多次走刀。

（二）工艺规程的形式

工艺规程通常以表格或卡片的形式确定下来，作为生产准备的技术文件。

工艺规程的主要形式有工艺路线卡（工艺过程卡）、工序卡（操作卡）、工艺守则（操作规程）。

1. 工艺路线卡

工艺路线卡是按零件制定的简要说明零件整个生产过程的卡片。其内容包括：零件生产过程所经过的工序名称及序号，完成各个工序的车间部门，零件的名称和件号，毛坯的种类和材料，机床型号和工装（刀具、夹具、量具）的名称、编号，工时定额，材料定额等。

单件小批量的零件及试制样品一般只制定工艺路线卡。

2. 工序卡

工序卡是在工艺路线卡的基础上，分别为每种零件的每道工序制定的技术操作规定。卡片上绘有工序图，标有工件的形状、尺寸、公差、装夹方法、刀具形状及位置等，详细规定出各个工步内容和操作方法，包括每个工步的加工表面、切削用量、要求达到的尺寸公差等，是具体指导工人操作的工艺文件。

成批量生产的零件及小批量的重要零件要制定工序卡。

3. 工艺守则

工艺守则是按同类工艺的操作制定的一种通用性工艺文件。在工艺守则中详细规定了工人必须遵守的操作要领及基本注意事项。

（三）制定工艺规程的依据和流程

由于工艺规程是直接指导生产和操作的重要技术文件，在制定工艺规程时应在保证产品质量的前提下，尽量提高生产率和降低成本，同时，还应在充分利用本企业现有生产条件的基础上，尽可能地科学、合理。

1. 制定工艺规程的依据（原始资料）

（1）产品的装配图和零件图。
（2）产品的生产纲领。
（3）制造零件所用毛坯的生产条件或协作关系。
（4）生产规模。
（5）制造零件所用坯料或型材的形状、尺寸和精度。
（6）零件制造的精度、粗糙度和技术要求。
（7）工人的技术水平、各种工艺资料及标准。

2. 制定工艺规程的流程

（1）熟悉和分析制定工艺规程的主要依据，进行零件的结构工艺性分析。
（2）确定毛坯，包括选择毛坯类型及制造方法。
（3）拟定工艺路线，这是制定工艺规程的关键一步。
（4）确定各工序的加工余量，计算工序尺寸及公差。
（5）确定各主要工序的技术要求及检验方法。
（6）确定各工序的切削用量和时间定额。
（7）进行技术经济分析，选择最佳方案。
（8）填写工艺文件。

五、工装的设计与管理

工艺装备（简称工装）是保证实施工艺的必要装备的总称，是企业实施工艺的重要保证，是保证产品质量、提高劳动效率、改善劳动条件的重要手段。

古人说："工欲善其事，必先利其器"，这个"器"就是指工具，到现代则发展为系统的工艺装备。

先进的工艺总是与先进的工艺装备紧密联系在一起的，任何一种先进的工艺，如果没有先进的工艺装备作手段，就不可能在现代工业化大生产中发挥作用。因此，合理地组织工艺装备的设计、制造、发放、保管和维修工作，是工艺管理的主要任务之一。

（一）工装的分类

1．按用途分类

主要有下列五类：

（1）各种生产设备（如传送生产线、焊接设备等）。

（2）各种调试、检测用的仪器仪表。

（3）各种装配及调试用的夹具。

（4）存放各种材料、半成品及成品的容器及车辆。

（5）各工位操作用的工具。

2．按适用性分类

（1）通用工装。通用工装又称标准工装，它适用于制造不同产品。这些通用工装是由专业生产工具的企业制造的，企业可按需订购。

（2）专用工装。专用工装又称非标准工装，它是专为某种产品生产所研制的，通常由企业自制或委托外单位设计制造。

3．按配置的时间分类

（1）"0"批工装：在设计性试制阶段配置，约占工装总数（正式投产时的工装总数）的25%~30%。

（2）"Ⅰ"批工装：在生产性试制阶段配置，约占工装总数的70%。

（3）"Ⅱ"批工装：在正式投产阶段需补充配置的工装，它占的比例很小，一般小于5%。

（二）工装的研制

工装的研制流程如图4-1所示。

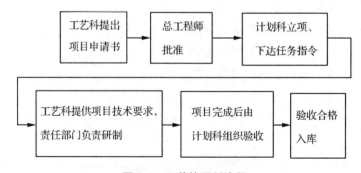

图4-1　工装的研制流程

（三）工装的编号

对于工装的编号，不同的企业有不同的编号方法，常用的编号方法见图 4-2。

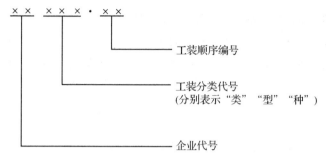

图 4-2　工装的编号

（四）工装管理

1．领用

各使用部门必须根据工艺文件中的工装明细表向各有关仓库领取，并办理领用手续。

2．维护

设备及专用调试检测仪分别由设备科及工艺科负责维护，其他工装由使用部门负责维护。

3．报废

工装正常损耗，无法修复，可办理报废补领手续；如属责任性损坏或遗失，要根据情节赔偿。

六、生产现场工艺管理

生产现场是制造零部件和装配产品的作业场地，是工艺技术物化于产品的地点，企业的一切工艺技术成果都将在现场中体现。现场管理者必须加强现场的工艺管理，使工艺技术落到实处，分析调查工序能力，应用各种科学先进的工艺管理方法。

（一）工序能力分析

在产品制造过程中，工序是保证产品质量的最基本环节。所谓工序能力分析，就是考虑工序的设备、工艺、人的操作、材料、测量工具与方法，以及环境对工序质量指标要求的适合程度。工序能力分析是质量管理的一项重要的技术基础工作。它有助于掌握各道工序的质量保证能力，为产品设计、工艺和工装设计，以及设备的维修、调整、更新、改造提供必要的资料和依据。

1．工序能力

（1）概念。

所谓工序能力，是指处于稳定、标准状态下工序的实际加工能力。

工序处于稳定状态，是指工序的分布状态不随时间的变化而变化，或称工序处于受控状态。

工序处于标准状态，是指设备、材料、工艺、环境、测量均处于标准作业条件，人员的操作也是正确的。

工序的实际加工能力体现在工序质量特性的分散（或波动）程度有多大。加工能力强或弱的区分关键是质量特性的分布范围大小或集中程度。由于标准差 σ 是描述随机变量分散的数字特征，而且当产品质量特性服从正态分布 $N(\mu, \sigma^2)$ 时，以 3σ 原则确定其分布范围（$\mu \pm 3\sigma$），处于该范围外的产品仅占产品总数的 0.27%（图 4-3），因此，人们常以 6σ 描述工序的实际加工能力。

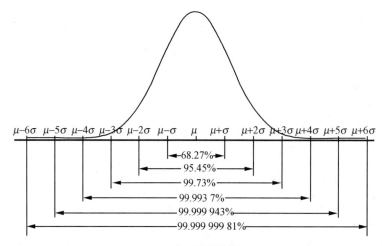

图 4-3 正态分布图

实践证明：用这样的分散范围表示工序能力，既能保证产品的质量要求，又具有较好的经济性。

（2）表达式。

工序能力（B）的表达式如下：

$$B = 6\sigma \text{ 或 } B \approx 6S$$

其中，σ 为总体分布的标准差，S 为样本的标准差。

（3）影响因素。

人：与工序直接有关的操作人员、辅助人员的质量意识和操作技术水平。

设备：包括设备的精度、工装的精度及其合理性、刀具参数的合理性等。

材料：包括原材料、半成品、外协件的质量及其适用性。

工艺：包括工艺方法及规范、操作规程的合理性。

测具：测量方法及测量精度的适应性。

环境：生产环境及劳动条件的适应性。

2．工序能力指数

（1）概念。

工序能力指数是衡量工序能力对产品规格要求满足程度的数量值，记为 C_p，通常以

公差范围（T）与工序能力（B）的比值来表示，即

$$C_p = \frac{T}{B} = \frac{T}{6S}$$

式中，$T = T_U$（公差上限）$- T_L$（公差下限）（图4-4）。

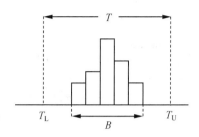

图4-4 工序能力指数

（2）工序能力与工序能力指数的区别。

工序能力是工序具有的实际加工能力，而工序能力指数是指工序能力对规格要求满足的程度，这是两个完全不同的概念。工序能力强，并不等于对规格要求的满足程度高；相反，工序能力弱，并不等于对规格要求的满足程度低。

当质量特性服从正态分布，而且其分布中心 $\bar{x}$ 与公差中心 T_m 重合时，一定的工序能力指数将与一定的不合格品率相对应。因此，工序能力指数越大，说明工序能力的贮备越充足，质量保证能力越强，潜力越大，不合格品率越低，但这并不意味着加工精度和技术水平越高。

3．工序能力的调查

一般只对已确定设置工序质量控制点的关键工序进行工序能力的调查，步骤如下：

（1）制订调查计划。包括调查工序或工步、调查期限、工序能力的测定方法、测量工具、抽样方式和样本大小、数据整理格式、结果汇总等。

（2）工序的标准化。对被调查工序的设备、工装、材料、作业方法、工人技术等级和工作场地布置等做出具体规定，使工序处于管理状态。

（3）按标准实施。按标准化有关规定进行作业。

（4）收集数据。按调查计划的规定进行。

（5）数据分析。运用合适的统计方法对数据进行分析。

（6）判断。判断所调查的工序是否处于受控状态。

（7）计算工序能力指数。

4．工序能力的判断及处置

工序能力的判断是对工序能力能够满足质量标准的程度做出判断，其可以对工序进行预防性处置，以确保生产过程的质量水平。

理想的工序能力要既能满足质量保证的要求，又能符合经济性的要求。表4-2给出了利用工序能力指数对工序能力做出判断的一般标准。

表 4-2　工序能力指数判断标准

工序能力等级	工序能力指数	工序能力判断
特级	$C_p > 1.67$	过剩
一级	$1.33 < C_p \leq 1.67$	充足
二级	$1.00 < C_p \leq 1.33$	正常
三级	$0.67 < C_p \leq 1.00$	不足
四级	$C_p \leq 0.67$	严重不足

以工序能力指数判断工序能力后，应采取适当的处置对策，使工序能力保持在合理的水平上。

（1）特级 $C_p > 1.67$ 的处置。可通过提高产品质量要求、放宽波动幅度水平、降低设备工装的精度要求等措施，使 C_p 值下降到正常范围。

（2）一级 $1.33 < C_p \leq 1.67$ 的处置。对于非关键工序质量特性，可放宽波动幅度水平；对于一般的工序，可简化检验，如通过改全数检验为抽样检验，或减少抽样检验的频次等来降低成本。

（3）二级 $1.00 < C_p \leq 1.33$ 的处置。对工序过程进行控制和监督，及时发现异常波动；按正常工序质量检验方式实施检验；当 C_p 值接近 1 时，应对影响工序能力的主要因素严加控制。

（4）三级 $0.67 < C_p \leq 1.00$ 的处置。分析工序能力不足的原因，通过 PDCA 循环制定改进措施；在顾客认可的前提下，如不增加装配的困难，可考虑适当放宽公差范围；在经济等因素许可的条件下，提高工装精度；严格质量检验，加强对不合格品的管理。

（5）四级 $C_p \leq 0.67$ 的处置。应立刻停止生产，找出原因，采取措施，改进工艺，提高工序能力；立刻进行全数检验，剔除不合格品。

（二）成组技术工艺管理

成组技术是将企业生产的各种产品及组成产品的各种部件、零件，按照相似性原理进行分类编组，并以"组"为对象组织和管理生产的技术。

成组技术是为一组结构和工艺特征相同的零件制定的，是一种建立在利用同类型可快速调整的生产装备基础上的高效加工工艺。

成组技术的早期研究和应用是从工艺过程典型化和组织同类零件集中生产开始的，当时称为成组工艺或成组加工。随着成组技术在理论和方法上的逐步完善，以及数控技术、计算机技术的迅速发展，成组技术的应用超出了工艺制造范围，扩展到产品设计、生产运作计划、设备布置等整个生产运作系统。

1. 成组技术的原理

统计分析表明，任何一种机器设备中组成的零件都可以分为三大类：专用件、相似件和标准件。而在一般产品中，相似件出现的概率高达 65%~70%，因此，若要充分利用这一特点，就要将那些看似孤立的零件按相似性原理划分为具有共性特征的一组，在加工中以群体为基础集中对待，从而有可能将多品种、小批量生产转化为类似于大批量的生产类型。利用零件的相似性原理将零件分类成组，是成组技术的基本出发点。

2. 成组技术的作用

（1）提高生产率。由于扩大了同类型零件的批量，中小批量生产可采用先进高效的设备与工装，从而大大提高了生产率。

（2）保证产品质量。采用成组技术消除了相似零件工艺上不必要的多样性，为成组加工选择了合理的工艺方案，使零件的加工质量稳定、可靠。

（3）促进产品零部件的系列化与通用化。根据结构特征和工艺特征对零件进行编码分组，制定出标准零件图册和相似零件分类图册，为产品零部件的系列化、标准化、通用化创造了条件。

（4）有利于管理工作的现代化。采用成组技术，可对原来多品种、中小批生产的落后状况彻底进行改善。成组生产单元和成组加工流水线给生产管理带来了方便，产品零件编码后还为计算机管理生产打下基础。

3. 零件编码

零件编码是成组技术的主要环节，编码的合理与否将直接影响经济效果。

所谓零件编码，是指对每个零件赋予数字符号，用以描述零件的结构、形状等特征信息，它是标志相似性的手段。依据编码，再按一定的相似程度，可将零件划分加工组。

把与生产活动有关的事物（如零件、材料、工艺、产品等）按一定的规则进行分类成组，是实施成组技术的关键，而分类的理论基础则是相似性原理。就产品中零件本身的属性来说，其相似性可从两个方面理解，即作用相似性和特征相似性。由于特征相似比较直观明确，并可根据零件图的信息直接确定，所含的信息量也大，因此，在成组技术中通常以特征相似作为零件分类成组的依据。

特征相似又可分为结构相似、材料相似和工艺相似。其中，结构相似又包括形状相似、尺寸相似、精度相似等；材料相似又包括种类相似、毛坯形状相似、热处理相似等；工艺相似又包括加工工艺相似、加工设备相似、工艺装备相似等。

由于机械零件的传统表达方式是零件图样，这给零件分类，实施成组技术带来诸多不便。因此，要实施成组技术，必须首先建立相应的零件分类编码系统，即用相应的字符（数字、字母、符号）来标志和描述零件的结构特征，使这些信息代码化，并据此对零件进行分类成组，以便进一步按成组方式组织生产。

代表零件特征的每一个字符称为特征码，所有特征码有规律的组合就是零件的编码。由于每一个字符代表的是零件的一个特征，而不是一个具体的参数，因此，每种零件的编码并不一定是唯一的，即一个代码可表示相似的若干个零件。

4. 成组技术工艺管理

实施成组技术加工，需要进行大量的准备与管理工作，其中包括：划分零件组，为零件组编制成组工艺过程，划分和设计成组工装，设备专门化改装，组织成组单元、成组流水线，按照成组加工要求进行生产管理的改进。

（三）计算机辅助工艺规划

计算机辅助工艺规划（Computer Aided Process Planning，CAPP）技术的研究和发展源于20世纪60年代。1969年，挪威推出了世界上第一个CAPP系统——AUTOPROS，并于1973年商品化。美国于20世纪60年代末70年代初着手研究CAPP系统。

CAPP是通过向计算机输入被加工零件的原始数据、加工条件和加工要求，由计算机自动地进行编码、编程，直至最后输出经过优化的工艺规程卡片的过程。

它是连接计算机辅助设计（CAD）和计算机辅助制造（CAM）的桥梁。

1．CAPP的作用

（1）可以将工艺设计人员从繁琐和重复性的劳动中解脱出来，使其可以有更多的时间和精力从事更具创造性的工作。

（2）可以大大缩短工艺设计周期，提高企业对瞬息变化的市场需求做出快速反应的能力，提高企业产品在市场上的竞争能力。

（3）有助于对工艺设计人员的宝贵经验进行总结和继承。

（4）有利于实现工艺设计的最优化和标准化。

（5）CAPP不仅能实现工艺设计自动化，还能把CAD和CAM的信息连接起来，实现CAD/CAM一体化，是集成制造系统的关键性中间环节。它为实现企业信息集成创造条件，进而便于实现并行工程、敏捷制造等先进生产制作模式。

2．CAPP的内容

CAPP的内容主要有：毛坯的选择及毛坯图的生成；定位基准与夹紧方案的选择；加工方法的选择；加工顺序的安排；通用机床、刀具、夹具、量具等工艺装备的选择；工艺参数的计算；专用机床、刀具、夹具、量具等工艺装备设计方案的提出；工艺文件的输出。

3．CAPP的基本构成

CAPP的基本构成视CAPP系统的工作原理、产品对象、规模大小不同而有较大的差异。CAPP系统的基本构成包括：

（1）控制模块。控制模块的主要任务是协调各模块的运行，实现人机之间的信息交流，控制零件信息的获取方式。

（2）零件信息输入模块。当零件信息不能从CAD系统直接获取时，用此模块实现零件信息的输入。

（3）工艺过程设计模块。工艺过程设计模块可进行加工工艺流程的决策，产生工艺过程卡，供加工及生产管理部门使用。

（4）工序决策模块。工序决策模块的主要任务是生成工序卡，对工序间尺寸进行计算，生成工序图。

（5）工步决策模块。工步决策模块的主要任务是对工步内容进行设计，确定切削用量，提供形成数控加工控制指令所需的文件。

（6）数控加工指令生成模块。数控加工指令生成模块依据工步决策模块所提供的文件，调用数控指令代码系统，产生数控加工控制指令。

（7）输出模块。输出模块可输出工艺过程卡、工序卡、工步卡、工序图及其他文档，亦可从现有工艺文件库中调出各类工艺文件，利用编辑工具对现有工艺文件进行修改，得到所需的工艺文件。

（8）加工过程动态仿真。加工过程动态仿真对所产生的加工过程进行模拟，检查工艺的正确性。

4．CAPP 的工作步骤

CAPP 的工作步骤可分为 5 步：

（1）输入产品图纸信息。

（2）拟定工艺路线和工序内容。

（3）确定加工设备和工艺装备。

（4）计算工艺参数。

（5）输出工艺文件。

思考题

1．工艺管理有哪些原则？
2．针对我国企业现阶段存在的工艺技术落后的现状，谈谈你的看法。
3．产品设计的工艺性审查包括哪些内容？
4．产品工艺性验证的方法有哪些？
5．工艺方案的类型有哪些？各有何特点？
6．工艺方案的内容有哪些？
7．为了做好工艺规程的制定工作，应收集哪些资料？
8．如何调查工序能力？
9．怎样计算工序能力？
10．成组技术的原理是什么？
11．CAPP 的作用有哪些？

模块五 车间设备管理

【主要能力指标】

了解 TPM 全员设备维护。

了解设备管理制度。

熟悉设备的前期管理。

掌握设备的运行管理。

【相关能力指标】

能够对设备常见故障进行分析。

能够对设备进行日常维护。

一、设备与设备管理

（一）设备

1. 概念

设备是现代企业的主要生产工具，是现代企业的物质技术基础，也是企业现代化水平的重要标志。

设备是固定资产的重要组成部分。国外的设备工程学把设备定义为"有形固定资产的总称"。它把一切列入固定资产的劳动资料，如土地、建筑物（厂房、仓库等）、构筑物（水池、码头、围墙、道路等）、机器（工作机械、运输机械等）、装置（容器、蒸馏塔、热交换器等），以及车辆、船舶、工具（工夹具、测试仪器等）等都包含在其中。而我国只把直接或间接参与改变劳动对象的形态和性质的物质资料看作设备。一般认为，设备是人们在生产或生活上所需的机械、装置和设施等可供长期使用，并在使用中基本保持原有实物形态的物质资料。

2．分类

（1）按设备在生产中的用途分类。

工业企业所使用的设备，按在生产中的用途，一般可分为生产设备和非生产设备。

生产设备是指直接用于生产产品的设备，即从原材料进厂后到成品出厂前整个生产过程直接使用的设备。

非生产设备指不直接用于产品生产的设备，即基本建设、科学试验和管理上所使用的设备。

（2）按设备的适用范围分类。

按设备的适用范围分类，包括通用设备和专用设备。

通用设备是指国民经济各部门广泛应用的机器设备，如用于制造、维修机器的各类机床，搬运、装卸用的起重运输设备，工业和生活设施中的泵、阀、风机等。

专用设备是指国民经济各部门或行业为完成某个特定的生产环节、特定的产品生产而专门设计制造的设备。这些设备只能在特定部门、特定生产工序中发挥作用，如冶金工业中的冶炼和轧制设备、纺织工业中的纺织设备等。

（3）按设备的用途分类。

按设备的用途分类是生产部门常用的一种分类方法，大约有十类：

① 动力设备：用作动力来源的设备，也就是原动机，如电动机、内燃机、蒸汽机等。

② 金属切削设备：对机械零件的毛坯进行金属切削加工的设备。根据设备的工作原理、结构性能特点和加工范围的不同，又分为车床、钻床、镗床、磨床、铣床、齿轮加工机床、锯床、刨床、拉床等。这类设备在车间十分常见。

③ 金属成型设备：除金属切削加工机床以外的金属加工设备，如锻压机、铸造机等。

④ 交通运输设备：用于长距离载人和物的设备，如飞机、火车、船舶等。

⑤ 起重运输设备：用于在一定距离内移动货物或人的提升和搬运的设备，如起重机、运输机、升降机、卷扬机等。

⑥ 工程机械设备：在各种建设工程设施中，能代替笨重体力劳动的机械与机具，如挖掘机、铲运机、工程起重机、打桩机、盾构机等。

⑦ 农业机械设备：用于农、林、牧、副、渔业等各种生产中的设备，如拖拉机、排灌机、水泵等。

⑧ 通用机械设备：广泛用于工农业生产各部门、科研单位、国防建设和生活的设备，如制冷设备、风机等。

⑨ 轻工机械设备：用于轻纺工业部门的机械设备，如纺织机、食品加工机、印刷机、制药机、造纸机、卷烟机等。

⑩ 专用机械设备：国民经济各部门生产中所特有的机械设备，如冶金设备、采煤设备、化工设备等。

(4) 按设备的使用性质分类。

这种分类方法以现行会计制度为依据，一般将设备分为六类：

① 生产用设备：发生直接生产行为的机器设备，如动力设备、机加工设备、测试仪器设备等。

② 非生产用设备：企业中福利、科研、试验等部门使用的设备。

③ 租出设备：按规定出租给外单位使用的设备。

④ 未使用设备：未投入使用的新设备或尚未验收使用的设备等。

⑤ 不需用设备：企业暂时不用的封存设备。

⑥ 融资租入设备：企业以融资租赁方式租入的设备。

3. 地位和作用

设备在现代工业企业的生产经营活动中居于极其重要的地位。

(1) 设备是现代企业的物质技术基础。设备是现代企业进行生产活动的物质技术基础，也是企业生产力发展水平与企业现代化程度的主要标志。没有机器设备，就没有现代化的大生产，也就没有现代化的企业。

(2) 设备是企业固定资产的主体。企业的生产经营是"将本就利"，这个"本"就是企业所拥有的固定资产和流动资金。在企业的固定资产总额中，设备价值所占的比例一般为60%～70%。随着设备的技术含量与技术水平日益提高，现代设备既是技术密集型的生产工具，也是资金密集型的社会财富。设计制造或购置现代设备费用的增加，不仅会带来企业固定资产总额的增加，还会继续增大设备在固定资产总额中的比重。设备的价值是企业资产的大头，对企业的兴衰关系重大。

(3) 设备涉及企业生产经营活动的全局。在企业管理活动的全过程，即产品的市场调查—组织生产—销售服务的不断循环中，设备都处于十分重要的地位。首先，在市场调查、产品决策阶段，必须充分考虑企业本身所具备的基本生产条件；否则，无论商品在市场上多么紧俏利大，企业也无法进行生产并供应市场。其次，在组织生产、产品实现阶段，质量和交货期是企业成败的关键，要保证产品质量高、交货及时，很大程度上取决于设备的技术状态及性能的发挥。同时，设备对生产过程中原材料和能源的消耗影响极大，因而直接影响产品的成本和销售利润。另外，设备还影响生产安全、环境保护等，对劳动者的情绪也有着不可忽视的影响。

(4) 设备的技术水平是企业技术进步的标志。先进的科学技术和先进的经营管理是推动现代经济高速发展的两个"车轮"，缺一不可。企业的技术进步主要表现在产品开发、升级换代，生产工艺技术的革新进步，生产装备的技术更新，人员技术素质、管理水平的提高。其中，设备的技术改造、技术更新尤为重要，因为高新技术产品的研制、开发，离不开必要的先进制造和实验测试仪器。

4. 设备的发展方向

现代设备正在朝着大型化、高速化、精密化、电子化、自动化方向发展。

(1) 大型化。大型化指设备的容量、规模、能力越来越大。工业革命以来，规模化生产得到了广泛发展，而企业得以规模化的主要原因是现代生产设备的不断创新，企业规模的扩大则有利于企业实现规模效应。

（2）高速化。设备的运转速度、运行速度、运算速度大大加快，从而使生产效率显著提高。现代市场经济的激烈竞争要求企业的生产设备能够满足迅速出现变化的需求趋势，抓住稍纵即逝的机会，生产设备的高速运行成为关键。

（3）精密化。设备的工作精度越来越高。社会分工程度的极大细化，要求设备的精细化发展，以满足现代企业的生产。生产的精密化反映了整个社会需求的多样性，对产品的精细化和个性化需求增加。

（4）电子化。随着微电子科学、自动控制与计算机科学的发展，出现了以机电一体化为特色的设备，如数控机床、加工中心、机器人、柔性制造系统等。这都极大地提高了设备的智能化，从而提高了生产效率。

（5）自动化。自动化不仅可以实现各生产线工序的自动顺序进行，还能实现对产品的自动控制、清理、包装，以及设备工作状态的实时监测、报警、反馈处理。自动机与自动线已成为许多行业的生产设备。

（二）设备管理

由于设备的重要性日趋重大，这也给企业和社会带来了一系列新问题。一是购置设备需要大量投资。二是维持设备正常运转也需要大量投资。首先是现代设备的能源、资源消耗量大，支出的能耗高。其次，进行必要的设备维护保养、检查修理也需要不少的费用。三是发生故障停机，经济损失巨大。四是一旦发生事故，会造成设备损坏、人员伤亡、环境污染等灾难性后果。五是设备的社会化程度越来越高，设备从研究、设计、制造、安装调试到使用、维修、改造、报废，各个环节都要涉及不同行业的许多单位、不同专业的人员。因此，要想充分发挥好设备的性能，就必须对设备进行有效的管理。

设备管理是指以设备为研究对象，追求设备综合效率与寿命周期费用的经济性，应用一系列理论、方法，通过一系列技术、经济、组织措施，对设备的物质运动和价值运动进行全过程（从规划、设计、制造、选型、购置、安装、使用、维修、改造、报废直至更新）的科学管理。

1. 设备管理的作用

工欲善其事，必先利其器。设备管理是企业生产经营的保证。设备管理的主要任务是为企业提供优良而又经济的技术装备，使企业的生产经营活动建立在最佳的物质技术基础之上，保证生产经营活动的顺利进行，以确保企业提高产品质量，提高生产效率，增加花色品种，降低生产成本，进行安全文明生产，从而使企业获得最高的经济效益。

2. 设备管理的特点

设备管理除了具有一般管理的共同特征外，与企业的其他专业管理比较，还有以下特点：

（1）技术性。作为企业的主要生产手段，设备是物化了的技术，是现代科技的物质载体。首先,设备管理包含了机械、电子、液压、光学、计算机等许多方面的科学技术知识;其次,正确使用、维修这些设备,还需掌握状态监测和诊断技术、可靠性工程、摩擦磨损理论、表面工程、修理技术等专业知识。

(2)综合性。综合性体现在两个方面:一是强调了设备管理在技术、经济、组织三个方面的内容,三者有机联系、相互影响,在设备管理工作中要充分考虑三者的平衡。二是体现了设备管理是一种全过程的系统管理,它强调对设备的一生(从设计、制造到使用、报废)进行管理,认为设备的前期管理(指设备投入生产前的规划、设计、制造或购置、安装、调试等过程的管理)与后期管理(指设备投入生产后的使用、维修、改造直至更新、报废的管理)密不可分,二者同等重要,决不可偏废任何一方。

(3)随机性。随机性是指设备突发故障给管理带来的干扰。设备管理必须具备应付突发故障、承担意外突击任务的能力。

(4)全员性。现代企业车间管理强调以人为中心的管理,所以设备管理需要设备的维护人员、使用人员等全员参与,实行专业管理与群众管理相结合。

3. 设备管理的发展过程

人类使用的工具从简单到复杂,其维护和检修模式随工具的进步而发展,设备管理从事后维修阶段逐步过渡到预防维修阶段及各种设备管理模式并行阶段。

(1)事后维修(Breakdown Maintenance,BM)阶段。事后维修阶段又分为兼修阶段和专修阶段。在兼修阶段,设备的操作人员就是维修人员。随着设备技术复杂系数的增加,有了专业分工,进入了专修阶段。

(2)预防维修(Preventive Maintenance,PM)阶段。在预防维修阶段,通过周期性的检查,制订维修计划,对设备进行周期修理。其优点是将潜在故障消灭在萌芽状态,缺点是容易出现维修过剩或欠修的情况。

(3)各种设备管理模式并行阶段。这一阶段出现了以俄罗斯为代表的计划预修模式、以美国为代表的后勤工程模式、以英国为代表的设备综合管理模式及以日本为代表的全员生产维护(Total Productive Maintenance,TPM)模式。

在国内,由于企业不同,对设备的要求及使用也不同,因此,没有形成有效的统一设备管理模式。目前,许多企业和精益生产结合起来采用全员设备维护模式,后面会做详细介绍。

二、设备的前期管理

设备的前期管理又称设备的规划(策划)工程,指从制订设备规划方案起到设备投产为止的全阶段管理工作,包括设备规划、设备选型、设备的安装调试和试运转三个环节。

1. 设备规划

设备规划是企业生产经营发展总体规划的重要组成部分,主要包括三个方面:

(1)企业设备更新规划。指用优质、高效、低耗、功能好的新型设备更换旧设备。

（2）企业设备一体化改造规划。指用现代技术成果改变现有设备的部分结构，给旧设备装上新部件、新设置、新附件等。

（3）新增设备规划。指为满足生产发展需要，在考虑了提高现有设备利用率、设备更新和改造等措施后还需增加设备的计划。

2．设备选型

设备选型是指通过技术与经济上的分析、评价和比较，从可以满足相同需要的多种型号、规格的设备中选购最佳者的决策。设备选型应遵循以下原则：

（1）生产上适用。所选设备应适合企业现生产产品和待开发产品工艺的实际需求，满足企业的生产和扩大再生产的要求。

（2）技术上先进。所选设备应有利于提高产品质量和设备的技术寿命。要根据企业实际需要，既不要一味追求技术上的先进，也不要选择技术上落后的设备。

（3）经济上合理。所选设备应是经济效果最佳的设备。具体讲，就是价格要合理，使用能耗要低，维护费用要少，投资回收期要短。

进行设备选型时要将三者统一权衡。

设备选型应按照以下步骤执行：① 设备市场信息的收集和预选；② 初步选定设备型号和供货单位；③ 选型评价决策。

3．设备的安装调试和试运转

安装是指按设备工艺平面布置图及有关安装技术要求，将已到货并开箱检查的设备安装在规定的基础上，进行找平、稳固，达到安装规范的要求，并通过调试、运转、验收，使之满足生产工艺的要求。

一般通用设备的调试包括清洗、检查、调整、试车。

试运转一般可分为空转试验、负荷试验和精度试验三种。

（1）空转试验。目的是检验设备安装精度的保持性，设备的稳固可靠性，传动、操纵、控制等系统在运转中状态是否正常。一般要进行 4 h 以上。

（2）负荷试验。目的是检查设备在一定负荷下的工作能力，以及各组成系统的工作是否正常、安全、稳定、可靠。一般按设备公称功率的 25%、50%、75%、100% 的顺序分阶段进行。

（3）精度试验。按说明书或技术文件的规定，进行精加工试验。应达到出厂的精度要求，如几何尺寸精度要求、主传动精度要求、加工精度要求等。

三、设备运行管理

设备运行管理是指操作者对设备的使用和维护管理，以保持设备完好的技术状态。它是设备管理工作中的重要环节。

（一）设备的使用管理

1．合理使用设备

合理使用设备应做好以下几个方面工作：

（1）充分发挥操作工人的积极性。设备是由工人操作和使用的，因此，充分发挥他们的积极性是用好、管好设备的根本保证。

（2）合理配置设备。要根据产品品种、结构和数量的不断变化，配置并及时调整设备，使之适应生产发展的要求。

（3）配备合格的操作者。

（4）为设备提供良好的工作环境。

（5）建立健全必要的规章制度。

2．设备使用守则

设备使用守则包括三个方面的内容：

（1）定人、定机和凭证操作制度。

（2）交接班制度。

（3）"三好""四会""五项纪律"。"三好"是指要管好、用好和修好设备。"四会"是指会使用、会保养、会检查、会排除故障。"五项纪律"是指凭证使用设备，遵守安全使用规程；保持设备清洁，并按规定加油；遵守设备的交接班制度；管好工具、附件，不得遗失；发现异常，立即停车。

（二）设备的维护管理

1．设备的维护保养

通过擦拭、清扫、润滑、调整等一般方法对设备进行护理，以保持设备的性能和技术状况，称为设备的维护保养。主要有四项内容：

（1）清洁。设备内外清洁，无油污，不漏油、漏气。

（2）整齐。工具、附件、工件旋转整齐，管道、线路有条理。

（3）润滑良好。按时加油或换油。

（4）安全。遵守安全操作规程，不超负荷使用设备。

2．设备的三级保养制

设备的三级保养制的内容包括设备的日常维护保养、一级保养和二级保养。

（1）日常维护保养。

日常维护保养又分为日保养和周保养。

日保养由操作者当班进行，要认真做到班前四件事（消化图样资料，检查交接班记录，擦拭设备，按规定加润滑油）、班中五注意（注意设备的运转声音，设备的温度、压力，设备的液位、电气、液压、气压系统，设备的仪表信号，设备的安全保险是否正常）和班后四件事（关闭开关，所有手柄放到零位；清除铁屑、脏物，加油；清扫地面，整理附件、工具；填写交接班记录）。

周保养由操作者在每周末进行，内容包括：清洁外观，达到内洁外净，周围环境整洁；检查操纵传动系统，保证传动声音正常、安全可靠；检查液压系统，保证油路畅通，无渗漏；检查电气系统，达到完整、清洁、可靠。

(2) 一级保养。

一级保养以操作工为主，维修工协助。其目的是减少设备磨损，消除隐患。内容包括：对设备进行局部拆卸和检查，清洗，疏通管道，调整间隙。

(3) 二级保养。

二级保养以维修工为主，操作工协助。其目的是使设备达到完好标准，提高和巩固设备完好率。内容包括：对设备进行部分解体检查和修理，更换修复磨损件，清洗，换油。

四、设备故障管理

设备故障是指设备整体及其零部件在规定的使用条件下不能完成规定功能的事件。在企业生产活动中，设备是保证生产的重要因素，而设备故障则直接影响产量、质量和企业的经济效益。

设备故障的产生受多种因素，如设计制造质量、安装调试水平、使用的环境条件、操作人员的素质及维护保养等的影响。为了减少甚至消灭故障，必须了解和研究故障的种类、产生原因，并采取有效的措施和方法，控制故障的发生，这就是设备的故障管理。

（一）设备故障的种类

（1）按故障产生的原因，分为先天性故障（本质故障）、早期故障（由设计、制造、材料及安装缺陷造成）、耗损故障（正常磨损）、误用故障（由操作、使用、维修不当造成）、偶然故障。

（2）按故障危险程度，分为危险性故障和非危险性故障。

（3）按故障性质，分为自然故障和人为故障。

（4）按故障发生进度，分为突变故障、突然故障、渐变故障及退化故障。

（5）按故障发生的持续时间，分为持续性故障、间歇性故障及临时性故障。

（6）按故障造成的后果，分为致命性故障、严重性故障、一般性故障和轻度故障。

（二）设备故障的特点

实践证明，设备故障的发生频率随时间推移的变化呈如图 5-1 所示曲线形状，这就是著名的"浴盆曲线"。

（1）初始故障期。故障率由高而低，这是由材料缺陷、设计制造质量差、装配失误及操作不熟练等原因造成的。

（2）偶发故障期。故障率低且稳定，这是由维护不好或操作失误造成的。这一时期的设备属于最佳工作期。

（3）耗损故障期。故障率急剧升高，这是由于设备磨损严重，有效寿命即将结束。

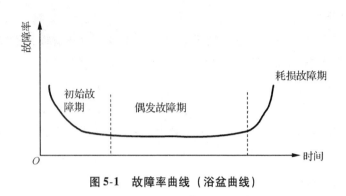

图 5-1　故障率曲线（浴盆曲线）

（三）设备故障的监测

设备故障的监测是指及早发现设备由安全状态向不安全状态转化过程中表现出来的信息。这种信息就是故障预兆。

1. 设备运行状态的特征及参数

（1）振动。设备运行中的不稳定、不平衡、不同轴、不平行、配合松动、有间隙等都会产生振动。

（2）位置。位置包括径向位置和轴向位置。对设备的轴承，轴向位置是装配和运行中都要测量的参数，以保证轴承正常运行，防止旋转零件和静止零件间发生轴向接触。

（3）温度。温度是显示零件所受载荷状态最好和最灵敏的参数。例如，它可显示轴承是否失效和过载。温度测量的最佳位置应在靠近工作点的位置。

（4）压力。通过设备运行过程中精密度较高的压力表的测量，人工观测设备运行状态的难度降低，避免了外界因素对设备故障的干扰。

2. 设备故障监测方法

（1）感官监测法。

感官监测法是最简单和最经济的方法，它利用人的感觉器官来发现故障预兆和异常信息。有的是直接得到的信息，如利用视觉观察设备或零件的外形、裂纹，设备是否运转，指示灯是否熄灭，仪表数据是否正常，等等；利用听觉检查设备运行是否出现异常，是否有噪声，设备内是否混入异物，等等；使用触觉检查轴承温度，设备运转时是否振动，等等；利用嗅觉检查是否有异味和冒烟等。对设备进行全面检查要用人的感觉器官；而有些是从控制仪表上得到的信息，由人进行判断和解释。

（2）温度监测法。

很多设备出现故障往往表现出温度异常，而温度变化也较易监测。温度监测的目的是了解设备的运行状态是否正常。测温部位因监测目的的不同而不同，一般监测设备内部温度和表面温度，通过表面温度可以判断了解设备内部热量的变化。

常用的测温装置有液体膨胀式传感器、双金属传感器、热电偶、电阻温度计、光学温度计、辐射温度计及红外扫描摄像仪（包括红外探测器和热成像仪）。除常规的温度测量方法外，还可以用特殊材料测温，如热敏涂料、测温漆、测温笔、测温片，但测试的精度不高。

温度监测主要适用于通过监测温度的变化，判断设备运行过程是否正常，常用来监测设备一些常见的故障，如轴承损坏、冷却系统故障、发热量不正常、有害物质沉积、保温材料损坏、电气元件故障。

（3）润滑油监测法。

设备传动装置的结构复杂，要在运转条件下直接检查可动零部件的运行状态是不可能的。通常利用润滑油在设备内部循环，通过对润滑油及其带出的微粒进行在线取样监测，就能对设备传动装置的部件进行状态监测。

常用的监测装置和方法有磁性微粒收集器、滤清器、光谱分析、铁谱分析。

（4）振动监测法。

所有的设备，即使是很精密的机械，在运转中都会产生振动，振动是机械的基本属性。产生振动的原因有：运动零部件的失衡，转动和直线往复运动的离心力和惯性力的不平衡；直线运动的加速度；配合面不光滑、不平整时，两个零件之间产生相对运动、摩擦或滚动；配合零件之间有间隙或配合过松而出现撞击；零件在载荷作用下产生变形；等等。设备振动信号中包含了大量有关机械运行状态的信息，对设备振动进行监测是故障诊断的一种重要方法。

（5）超声波监测法。

这是一种无损监测的方法，可检查金属、合金等材料的内部缺陷。该监测法只适用于监测平面零件，要求技术熟练的操作工进行操作。其缺点是当设备或零件表面粗糙时灵敏度降低，而且不适用于形状不规则的零件。

五、全员设备维护

全员设备维护（Total Productive Maintenance，TPM）是指全员参加，以提高设备的效率为目标，建立以设备整个寿命周期为对象的生产维修系统。

（一）什么是TPM

TPM活动以追求最高的设备综合效率为目标，通过研究并改善设备设计、制作、使用和保养方法，以彻底消除因故障或作业准备、调整所引起的停车损失，因瞬间停止和速度低下所引起的速度损失，因加工缺陷或在初期阶段效率低下引起的产品质量损失和数量损失。

（二）TPM的特点

它的特点体现在三"全"，即全效率、全系统、全员参加。三者之间的关系是，全员参加是基础，全系统是载体，全效率是目标。

1. 全效率

全效率又称设备的综合效率，指设备整个寿命周期的输出和输入之比：

$$\text{设备的综合效率} = \frac{\text{设备的输出}}{\text{设备的输入}}$$

设备的输出是指在满足安全、无公害、作业环境良好、成本低、质量高、按期交货和操作工劳动情绪饱满等条件下的产量。

设备的输入是指设备的寿命周期费用。

2. 全系统

全系统指以设备的整个寿命周期作为对象进行系统的研究和管理，并采取相应的生产维修方式。在规划研究时采取系统分析；在设计、制造时采取维修预防；在使用中按重要性划分不同设备类别和设备的不同部位，分别实行预防维修、改善维修和事后维修。

3. 全员参加

设备管理不仅涉及维修部门，也涉及计划、使用等所有部门。设备管理不仅与维修保养人员有关，更与操作者有关，从企业领导到一线员工都要参加，特别是操作者的自主维护更为重要。

（三）TPM 活动的内容

TPM 是以 5S（整理、整顿、清扫、清洁、素养）为基础，以自主维护为核心，包含各种改善活动的设备管理机制。TPM 活动的内容如下：

1. 5S 活动

整理——取舍分开，取留舍弃。

整顿——条理摆放，取胜快捷。

清扫——清扫垃圾，不留污物。

清洁——清除污染，美化环境。

素养——形成制度，养成习惯。

2. 自主维护活动

自主维护（Personal Maintenance，PM）活动是指通过员工自主参与对场所、设备、工厂的维护活动，追求工作场所的高水平维护，即自己的设备自己维护，自己的工厂自己管理。具体包括：

（1）采取全系统的维修方式。在设备的寿命周期各个阶段，分别采取一系列维修方式：在设计、制造阶段采取维修预防；在使用阶段强调在日常点检和定检的基础上，分别采取预防维修或事后维修。

（2）突出重点设备。根据设备对产量、质量、成本、交货期、安全卫生和劳动积极性的影响程度来评定划分重点设备与非重点设备，从而进行分级管理。

（3）实行目标管理。就是要按照设备维修管理工作要求达到的具体目标进行管理。

（4）强调维修记录分析。对设备的安装、运行、维修及故障进行系统的记录和统计，并以维修记录为依据进行统计分析，分析的重点是故障状况。通过统计、分析，以掌握故障的规律、故障的影响，从而明确维修方向并制定对策。

（四）TPM 活动的追求

TPM 活动追求设备的零故障和零浪费。

一般认为,设备在使用过程中存在着七种损耗:

(1) 故障损耗。故障损耗又可分为功能停止型和功能下降型。故障损耗是阻碍效率的最大原因。

(2) 准备、调整损耗。设备从生产前一个产品,然后中止,到生产下一个产品的过程中所发生的上料、下料、安装、定位、夹紧等工序时设备的停机就是准备、调整损耗。

(3) 刀具调整损耗。因刀具寿命而调换刀具的时间,刀具折损引起的报废、修整时间,均称为刀具调整损耗。

(4) 加速损耗。加速损耗是指从开始生产到生产稳定的时间,如由于加工条件的不稳定性,夹具、模具的不完善,试切削损耗,作业人员的技术水平等因素存在所带来的损耗。

(5) 检查停机损耗。检查停机损耗是指因暂时的小故障而停止设备或设备处于空转状态。它与普通的故障不同。例如,传感器因某种原因引起的误动作,一旦使之复位,设备就能正常工作。

(6) 速度损耗。速度损耗是指实际运行速度比设备的设计速度慢而带来的损耗。

(7) 废品、修正损耗。废品、修正损耗是指因废品、修正引起的损耗。因为废品、返修品的存在,花费了许多不必要的人力、物力,因此,这也是一项不可忽视的损耗。

以上七大损耗是影响设备效率的主要因素,因此,解决这些损耗就可提高设备综合效率,是 TPM 活动的追求。

思考题

1. 简述设备、设备管理的基本概念。
2. 设备管理的作用及特点是什么?
3. 设备管理的任务和内容是什么?
4. 设备选型应遵循什么原则?
5. 何为设备的三级保养?
6. 设备故障的种类及常见形式有哪些?
7. 设备故障的监测方法有哪些?
8. TPM 活动的追求是什么?

模块六 车间质量管理

【主要能力指标】

了解 6σ 管理。

熟悉统计过程控制。

熟悉 ISO 9000 质量管理体系。

掌握质量和质量管理的概念。

【相关能力指标】

能够使用质量统计工具。

能够计算质量成本。

一、质量与质量管理

20世纪末，世界著名的质量管理学家朱兰博士曾经在有数千人参加的大会上做了告别讲演，他在会上提出：20世纪是生产率的世纪，21世纪是质量的世纪。

从一定程度上讲，质量不仅决定了一个企业的命运，还影响了一个国家的命运。

（一）质量

质量的含义有广义与狭义之分。

广义的质量是指"一组固有特性满足要求的程度"。所谓固有，是指本来就有的，尤其是那种永久的特性。所谓特性，是指可区分的特征，它可以是固有的或赋予的，也可以是定性的或定量的。特性的类别有多种，如机械、电等物理特性，嗅觉、触觉、味觉、视觉等感官特性，礼貌、诚实、正直等行为特性，准时、可靠、可用等时间特性。所谓要求，是指明示的、通常隐含的或必须履行的需求或期望。

对广义质量概念的理解可从以下四个方面进行：

1．产品质量

产品质量是指产品适合一定的用途，满足人们需要所具备的特征和特性的总和。它包括产品的内在特性（如产品的结构、物理性能、化学成分、可靠性、精度、纯度等）、产品的外在特性（如形状、外观、色泽、音响、气味、包装等）、经济特性（如成本、价格、使用维修费等）和其他方面的特性（如交货期、污染公害等）。产品的不同特性区别了各种产品的不同用途，满足了人们的不同需要。可把各种产品的不同特性概括为适用性、可靠性、安全性、寿命、经济性等。

2. 工作质量

工作质量指与产品质量有关的各项工作对产品质量、服务质量的保证程度。工作质量涉及企业所有部门和人员，也就是说，企业中每个科室、车间、班组的每项工作都直接或间接地影响着产品质量。工作质量是提高产品质量的基础和保证。为保证产品质量，必须首先抓好与产品质量有关的各项工作。

工作质量的特点是它不像产品质量那样直观地表现在人们面前，而是体现在一切生产、技术、经营活动之中，并且通过企业的工作效率及工作成果，最终通过产品质量和经济效果表现出来。

工作质量指标一般是以产品合格率、废品率和返修率等指标来表示的。

对于生产现场来说，工作质量通常表现为工序质量。

3. 服务质量

服务质量指服务满足规定或潜在需要的特征和特性的总和。它包括设施、容量、人员的数量和储存量，等待时间、提供时间和过程的各项时间，卫生、安全、可靠性和保密性，反应、方便、礼貌、舒适、环境美、能力、准确性、可信性和沟通联络等。

4. 制造质量

所谓制造，是指将输入转化为输出的相互关联或相互作用的一组活动。制造质量也叫工序质量，是指操作者、设备、材料、方法、检测条件及作业环境等因素，在产品加工制造过程中，综合保证产品质量的程度。影响制造质量的主要因素有人员、设备、材料、方法、检测和环境六大因素。

狭义的质量是指实物产品的质量。它包括内在质量特性，如产品的结构、性能、精度、纯度、物理性能、化学成分等；外部质量特性，如产品的外观、形状、色泽、手感、气味、光洁度等。

（二）质量管理

质量管理是指在质量方面指挥和控制组织协调的活动。这些活动通常包括制定质量方针和质量目标，以及质量策划、质量控制、质量保证和质量改进。

质量方针：由组织的最高管理者正式发布的关于质量方面的全部意图和方向。

质量目标：在质量方面所追求的目的。

质量策划：质量管理的一部分，致力于制定质量目标并规定必要的运行过程和相关资源以实现质量目标。

质量控制：质量管理的一部分，致力于满足质量要求。

质量保证：质量管理的一部分，致力于提供质量要求会得到满足的信任。

质量改进：质量管理的一部分，致力于增强满足质量要求的能力。

用通俗的话说，质量管理是指用最经济、最有效的手段进行设计、生产和服务，以生产出用户满意的产品。

质量管理工作的步骤一般是根据实践和试验，发现产品质量上的薄弱环节和问题，从科学技术原理、工艺、心理上研究产生的原因；在技术组织管理上，采取有针对性的改进措施，并组织稳定的生产工艺路线，切实加以改进，将改进的结果同原来情况对比，看是否达到预期效果；在主要质量问题得到解决后，次要问题又上升为主要矛盾，这时再重复上述过程，以解决新产生的质量问题。

（三）质量管理的发展阶段

研究质量管理的发展阶段，有助于我们正确认识质量管理的产生、发展的必然性和实现全面质量管理的重要性。质量管理的发展大致经历了质量检验、统计质量控制、全面质量管理、质量管理体系及六西格玛五个阶段。

1. 质量检验（Quality Inspection，QI）阶段

质量检验阶段又称全数检验阶段，这一阶段单纯通过检验或检查来保证产品或工作的质量。

产品生产出来后经过检验，区分出合格产品与不合格产品。合格产品交付下道工序，不合格产品通过返工、返修、降级使用或报废等方式进行处理。因此，这是一种事后的质量保证。

2. 统计质量控制（Statistical Quality Control，SQC）阶段

从单纯依靠质量检验事后把关，发展到工序控制，突出了质量预防性控制与事后检验相结合的管理方式，即事先控制，预防为主，防检结合。此阶段质量管理用数据说话，并应用统计方法进行科学管理。

但是，由于片面强调质量管理统计方法，忽视组织管理工作的积极作用，使人们误认为质量管理就是运用数理统计方法。同时，因数理统计理论比较深奥，计算方法也较复杂，人们对它产生了高不可攀的错觉，因此，在一定程度上限制了它的普及与推广。

3. 全面质量管理（Total Quality Management，TQM）阶段

全面质量管理指一个企业以质量为中心，以全员参加为基础，目的在于通过让顾客满意和本组织所有成员及社会受益而达到长期成功的管理途径。

4. 质量管理体系（Quality Mangement System，QMS）阶段

质量管理体系是指在质量方面指挥和控制组织的管理体系。质量管理体系是组织内部建立的，为实现质量目标所必需的系统的质量管理模式，是组织的一项战略决策。

5. 六西格玛（6σ）阶段

希腊字母σ，统计学上用来表示标准偏差，即数据的分散程度。几个西格玛是一种表示质量的统计尺度。任何一个工作程序或工艺过程都可用几个西格玛表示。六个西格

玛可解释为每一百万个机会中有3.4个出错的机会,即合格率是99.999 66%。

(四) 质量管理大师及其思想

1. 朱兰与"朱兰三部曲"

约瑟夫·M. 朱兰（Joseph M. Juran）博士是举世公认的现代质量管理的领军人物。1904年12月24日,朱兰出生于罗马尼亚,1912年随家庭移民美国,1917年加入美国国籍,曾获工程和法学学位。他做过工程师、企业主管、政府官员、大学教授、劳工调解人、公司董事、管理顾问等。朱兰提出了质量即"适用性"的概念,强调了顾客导向的重要性。朱兰理论体系中的主要概念还包括质量螺旋、质量管理三部曲、关键的少数原理等。1979年,朱兰创办了朱兰学院,主要从事质量管理的培训、咨询和出版活动。

朱兰在82岁高龄时发表了一篇著名论文《质量三部曲——一种普遍适用的质量管理方法》,这就是被世界各国广为推崇的"朱兰三部曲",即质量计划、质量控制和质量改进三个过程组成的质量管理,每个过程都由一套固定的执行程序来实现。

朱兰指出,上述三部曲与财务管理过程有许多有趣的相似之处。质量计划类似于编造预算,质量控制相当于成本控制和费用控制,而质量改进与减少成本和提高利润雷同。其中,质量计划是质量管理的基础,质量控制是实现质量计划的需要,质量改进是质量计划的一种飞跃。

"朱兰三部曲"的起点是质量计划,用计划来创建一个能满足既定目标,并在作业条件下运行的过程。计划的对象可以是任何一个质量体系要素。计划完成后,这个过程就移交给操作者,操作人员的职责是按质量计划进行控制。质量改进的过程叠加在原有的质量控制过程之上。通过改进,经常性损耗可以大幅度下降。最后,改进中获得的经验教训反馈到新一轮的质量计划中。这样一来,整个质量管理过程就形成了一个有生命力的循环链。

2. 戴明与PDCA循环

1900年,戴明（Deming）出生于美国伊阿华州的苏城,几次搬家后定居怀俄明州的鲍威尔;1921年获怀俄明大学工程学士学位,1925年继续在科罗拉多大学深造并获数学及物理学硕士学位,1928年获耶鲁大学物理学博士学位。1950年,戴明博士应聘去日本讲学,并将其报酬捐出,而后几乎每年都赴日继续指导,奠定了日本企业界良好的质量管理基础。戴明博士早期辅导日本企业的质量管理时曾经预言,五年内日本的产品必将雄霸世界市场。果然不出其所料,其预言成真且提早来到。日本企业界称其为日本质量管理之父。

戴明博士最早提出了PDCA循环的概念,所以又称其为"戴明环"。PDCA循环是能使任何一项活动有效进行的一种合乎逻辑的工作程序,特别是在质量管理中得到了广泛的应用。P、D、C、A四个字母所代表的意义如下:

(1) P（Plan）表示计划。包括方针和目标的确定及活动计划的制订。

(2) D（Do）表示执行。执行就是具体运作,实现计划中的内容。

(3) C（Check）表示检查。就是要总结执行计划的结果，分清哪些对了，哪些错了，明确效果，找出问题。

(4) A（Action）表示行动（或处理）。对总结检查的结果进行处理，成功的经验加以肯定，并予以标准化，或制定作业指导书，便于以后工作时遵循；对于失败的教训也要总结，以免重现。对于没有解决的问题，应提给下一个 PDCA 循环中去解决。

3. 费根堡姆与 TQC

1920 年，费根堡姆（Armand V. Feigenbaum）出生于纽约市。他先后就读于联合学院和麻省理工学院，1951 年毕业于麻省理工学院，获工程博士学位；1942 至 1968 年在通用电气公司工作；1958 至 1968 年任通用电气公司全球生产运作和质量控制主管。1992 年，费根堡姆入选美国国家工程学院，他发展了"全面质量控制"（Total Quality Control，TQC）观点。1988 年，费根堡姆被美国商务部长任命为美国鲍德里奇国家质量奖项目的首届理事会成员。

4. 克劳士比与零缺陷

克劳士比（Philip Crosby）被誉为"最伟大的管理思想家""零缺陷之父""世界质量先生"，致力于"质量管理"哲学的发展和应用，引发了全球源于生产制造业，继而扩大到工商业所有领域的质量运动，创造了其独有的词汇。其中，"零缺陷""符合要求"的质量定义及"不符合要求的代价"等均出自克劳士比的笔端。

工作标准必须是零缺陷，而不是"差不多就好"。"差不多就好"是说我们将仅仅在某些时候满足要求。而零缺陷的工作标准则意味着我们每一次和任何时候都要满足工作过程的全部要求。它是一种认真的，符合我们所同意的要求的个人承诺。

5. 休哈特与 SPC

1891 年，休哈特（Walter A. Shewhart）出生于美国伊利诺伊州的新坎顿，1917 年获得加州大学伯克利分校的物理学博士学位，1918 至 1924 年在西方电气公司任工程师。1925 至 1956 年，休哈特任贝尔试验室研究员，其间曾先后在伦敦大学、斯帝文理工学院、美国农业部研究生院和印度讲学。休哈特重要的著作是《产品生产的质量经济控制》，该书于 1931 年出版后被公认为质量基本原理的起源。1939 年，休哈特完成了《质量控制中的统计方法》一书。他首先提出了统计过程控制（Statistical Process Control，SPC）理论。

6. 石川馨与 QCC

石川馨（Kaoru Ishikawa），1915 年出生于日本，1939 年毕业于东京大学工程系，主修应用化学，1947 年在大学任副教授，1960 年获工程博士学位后被提升为教授。他的《质量控制》一书获戴明奖、日本 Keizai 新闻奖和工业标准化奖。1971 年，其质量控制教育项目获美国质量控制协会格兰特奖章。1968 年，石川馨出版了一本为质量控制小组成员准备的非技术质量分析课本《质量控制指南》。他是日本式质量管理的集大成者。他的思想可归纳为六点：①质量第一；②面向消费者；③下道工序是顾客；④用数据、事实说话；⑤尊重人的经营；⑥机能管理。石川馨被称为 QCC（Quality Control Circle）

之父。

二、统计过程控制

(一)含义

生产过程是产品质量形成的关键环节。在确保设计质量的前提下,产品质量很大程度上依赖于生产过程质量。过程控制是指为实现产品生产过程质量而进行的有组织、有系统的过程管理活动。其目的在于为生产合格产品创造有利的生产条件和环境,从根本上预防和减少不合格品的产生。

统计过程控制(SPC)主要是指应用统计分析技术对生产过程进行实时监控,科学地区分出生产过程中产品质量的随机波动与异常波动,从而对生产过程的异常趋势提出预警,以便生产管理人员及时采取措施,消除异常,恢复过程的稳定,从而达到提高和控制质量的目的。

在生产过程中,产品加工尺寸的波动是不可避免的。它由人、机器、材料、方法和环境等基本因素的波动影响所致。波动分为两种:正常波动和异常波动。正常波动是由偶然性原因(不可避免因素)造成的。它对产品质量影响较小,在技术上难以消除,在经济上也不值得消除。异常波动是由系统原因(异常因素)造成的。它对产品质量影响很大,但能够采取措施避免和消除。过程控制的目的就是消除、避免异常波动,使过程处于正常波动状态。

(二)原理

SPC 是一种借助数理统计方法的过程控制工具。它对生产过程进行分析评价,根据反馈信息及时发现系统性因素出现的征兆,并采取措施消除其影响,使过程维持在仅受随机因素影响的受控状态,以达到控制质量的目的。当过程仅受随机因素影响时,过程处于统计控制状态(简称受控状态);当过程中存在系统因素的影响时,过程处于统计失控状态(简称失控状态)。由于过程波动具有统计规律性,当过程受控时,过程特性一般服从稳定的随机分布;而当过程失控时,过程分布将发生改变。SPC 正是利用过程波动的统计规律性对过程进行分析控制的。因而,它强调过程在受控和有能力的状态下运行,从而使产品和服务稳定地满足顾客的要求。

(三)作用

产品生产一般都需要经过多道工序,每道工序中影响产品质量的因素也很多,有设备的因素,有人的因素,也有自然的因素,这些都导致生产出的产品质量存在偏差,即存在着产品质量的波动。SPC 通过恰当地选择产品生产过程中的控制点,及时采集生产过程中的质量特征值,能够即时监控生产过程,发现质量隐患,及时调整生产过程,达到控制产品生产和提高产品质量的目的。SPC 是制造企业常用的质量管理方法之一。

SPC 非常适用于重复性生产过程。它能够帮助我们对过程做出可靠的评估;确定过程的统计控制界限,判断过程是否失控和过程是否有能力;为过程提供一个早期报警系统，及时监控过程的情况以防止废品的产生；减少对常规检验的依赖性，定时的观察及系统的测量方法替代了大量的检测和验证工作。

SPC作为质量改进的重要工具，不仅适用于工业过程，也适用于服务等一切过程性领域。在过程质量改进的初期，SPC可帮助确定改进的机会；在改进阶段完成后，可用SPC来评价改进的效果并对改进成果进行维持，然后在新的水平上进一步开展改进工作，以达到更强大、更稳定的工作能力。

（四）实施步骤

实施SPC的过程一般分为两大步骤：一是分析阶段，二是监控阶段。

在这两个阶段所使用的控制图分别称为分析用控制图和控制用控制图。

分析阶段的主要目的有两点：一是使过程处于统计稳态，二是使过程能力足够。

分析阶段首先要进行的工作是生产准备，即把生产过程所需的原料、劳动力、设备、测量系统等按照标准要求进行准备。生产准备完成后就可以进行生产了，注意一定要确保生产是在影响生产的各要素无异常的情况下进行的。然后可以用生产过程收集的数据计算控制界限，绘制分析用控制图、直方图，或进行过程能力分析，检验生产过程是否处于统计稳态及过程能力是否足够。如果任何一个不能满足，则必须寻找原因，进行改进，并重新准备生产及分析，直到达到了分析阶段的两个目的，分析阶段才能宣告结束，进入SPC监控阶段。

监控阶段的主要工作是使用控制用控制图进行监控。此时控制图的控制界限已经根据分析阶段的结果而确定，将生产过程的数据及时绘制到控制图上。密切观察控制图，控制图上点的波动情况可以显示出过程受控或失控，如果发现失控，必须寻找原因并尽快消除其影响。监控可以充分体现出SPC预防控制的作用。

在企业的实际应用中，对于每个控制项目，都必须经过以上两个阶段，并且在必要时会重复进行从分析到监控的过程。

（五）统计控制方法

1. 有关概念

（1）质量变异。

同一批量产品，即使所采用的原材料、生产工艺和操作方法均相同，其中每个产品的质量也不可能丝毫不差，它们之间或多或少总有些差别，产品质量间的这种差别称为变异。

变异的差值称为误差，误差按原因不同，分为偶然性误差和系统性误差。

① 偶然性误差：因偶然性因素带来的误差，如原材料性质的微小差异，机具设备的正常磨损，模具的微小变形，员工操作的微小变化，温度、湿度的微小波动，等等。

虽然偶然性因素的种类繁多，而且对产品质量经常起作用，但它们对产品质量的影响并不大，不会因此而造成废品。偶然性因素造成的质量变异的特点是数据和符号都不一定，是随机的。所以，偶然性因素引起的变异又称随机误差。这类因素既不易识别，也难以消除，或在经济上不值得消除。

② 系统性误差：因非偶然性因素带来的误差，如原材料的规格、品种有误，机具设备发生故障，操作不规范，仪表失灵或准确性差，等等。这类因素对质量变异影响较大，可以造成废品或次品。这类因素所引起的质量变异，其数据和符号均可测出，容易识别，应该加以避免。

（2）精度。

过程控制中常用精度这个概念来反映质量的波动（变异）程度。精度可分为：

准确度（Accuracy）：反映系统性误差的影响程度。

精密度（Precision）：反映偶然性误差的影响程度。

精确度（Uncertainty）：反映系统性误差和偶然性误差综合的影响程度。

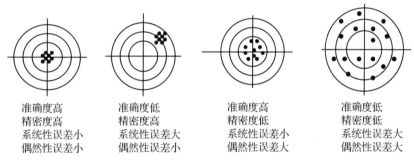

图6-1　精度的含义

2．控制图

控制图（Control Chart）是对过程质量特性值进行测定、记录、评估，从而监察过程是否处于控制状态的一种用统计方法设计的图。Y轴为质量特征值，X轴是样本序列，可以定义为时间。

图6-2上有中心线（Central Line，CL）、上控制限（Upper Control Limit，UCL）和下控制限（Lower Control Limit，LCL），并有按时间顺序制取的样本统计量数值的描点序列。UCL与LCL统称为控制线。若控制图中的描点落在UCL和LCL之外或排列不随机，则表明过程异常，应分析原因，采取措施。

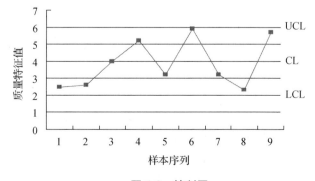

图6-2　控制图

3. 因果图

导致过程或产品问题的原因有很多因素，通过对这些因素进行全面系统的观察和分析，可以找出其因果关系，因果图（Cause-Effect Diagram）就是一种简单易行的方法。它可用于分析因果关系，也可用于表达因果关系；通过识别症状、分析原因、寻找措施，促进问题解决。

可将许多可能的原因归纳成原因类别与子原因，画成形似鱼刺的图，所以因果图又称鱼刺图或石川图，如图6-3所示。

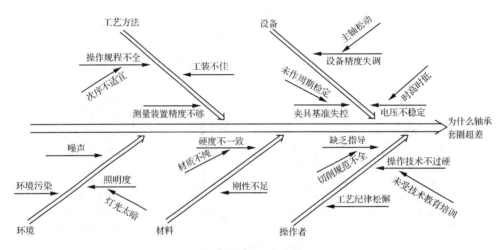

图6-3 因果图

绘制因果图的步骤如下：

第一步，选题，确定质量特性。

第二步，尽可能找出所有可能会影响结果的因素。

第三步，找出各原因之间的关系，在因果图上以因果关系箭头连接起来。

第四步，根据对结果影响的重要程度，将认为对结果有显著影响的重要因素标出来。

第五步，在因果图上标出必要的信息。

因果图方法的显著特点是包括两个活动：一个是找出原因，另一个是系统整理这些原因。查找原因时，要求进行开放式的积极讨论，最有效的方法是"头脑风暴法"。

绘制因果图时，影响结果的原因必须从小骨到中骨、从中骨到大骨进行系统整理和归类。

因果图主要用于分析质量特性与影响质量特性的可能原因之间的因果关系，通过把握现状、分析原因、寻找措施来促进问题的解决。

因果图不仅仅用在解决产品质量问题方面，在其他领域也得到了广泛的应用。

4. 排列图

质量问题是以质量损失的形式表现出来的，大多数损失往往是由几种不合格引起的，而这几种不合格又是由少数原因引起的。因此，一旦明确了这些"关键的少数"，就可消除这些原因，避免由此所引起的大量损失。

排列图又称帕累托图（Pareto Diagram），是为了对发生频次从最高到最低的项目进行排列而采取的简单图示技术。排列图建立在巴雷特原理的基础上，主要的影响往往是由少数项目导致的，通过区分最重要的与较次要的项目，可以用最少的努力获取最佳的改进效果。

1897年，意大利经济学家巴雷特提出了一个公式，并用图表表明社会上人们收入的分布是不均等的。他指出大部分社会财富掌握在少数人手里。后来，在质量管理领域，美国的朱兰运用这一图表将质量问题分为"关键的少数"和"次要的多数"，他指出，在许多情况下，多数不合格及其引起的损失是由相对少数的原因引起的。

（1）定义。

排列图由一个横坐标、两个纵坐标、几个按高低顺序排列的矩形和一条累计百分数折线组成。

排列图按下降的顺序显示出每个项目（如不合格项目）在整个结果中的相应作用。相应的作用可以包括发生次数、有关每个项目的成本或影响结果的其他指标。用矩形的高度表示每个项目相应的作用大小，用累计频数表示各项目的累计作用。

（2）制作步骤。

第一步，确定所要调查的问题及如何收集数据。这一步须进行选题、确定问题调查的时间、确定哪些数据是必要的及如何将数据分类、确定收集数据的方法等工作。

第二步，设计一张数据记录表，并将数据填入表中，计算累计不合格品数及累计百分数。如表6-1所示是某厂10月份电阻不合格品统计情况。

表 6-1 不合格品统计表

原因	不合格品数	累计不合格品数	累计百分数/%
污染	51	51	51
裂纹	25	76	76
油漆	13	89	89
电镀	7	96	96
其他	4	100	100
合计	100		

第三步，画两根纵轴和一根横轴，在左边纵轴上标上件数（频数）的刻度，最大刻度为总件数（总频数）；在右边纵轴上标上比率（频率）的刻度，最大刻度为100%。左边总频数的刻度与右边总频率的刻度（100%）高度相等。横轴上按频数从大到小依次列出各项。

第四步，在横轴上按频数大小画出矩形，矩形的高度代表各不合格项频数的大小。

第五步，在每个直方柱右侧上方标上累计值（累计频数和累计频率百分数），描点，用实线连接，画累计频数折线。

第六步，在图上记入有关必要事项，如排列图名称、数据、单位、作图人及采集数据的时间、主题等。

按表 6-1 作出的排列图如图 6-4 所示。

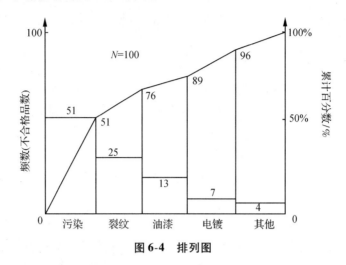

图 6-4 排列图

(3) 分类。

根据用途，排列图可分为分析现象用排列图和分析原因用排列图。

① 分析现象用排列图，一般与以下不良结果有关，用来发现问题的主要原因：

质量：不合格、故障、顾客抱怨、退货、维修等。

成本：损失总数、费用。

交货期：存货短缺、付款违约、交货期拖延等。

安全：发生事故、出现差错等。

② 分析原因用排列图，一般从以下几个方面分析原因：

操作者：班次、组别、年龄、经验、熟练情况及个人本身因素。

机器：机器、设备、工具、模具、仪器。

原材料：制造商、工厂、批次、种类。

作业方法：作业环境、工序先后、作业安排、作业方法。

(4) 注意事项。

为了抓住"关键的少数"，在排列图中通常将因素进行分类：主要因素（A 类因素），累计百分数 0%～80%；次要因素（B 类因素），累计百分数 80%～90%；一般因素（C 类因素），累计百分数 90%～100%。

三、全面质量管理

全面质量管理（Total Quality Management，TQM）最早是由费根堡姆提出的，他给全面质量管理所下的定义是："为了能够在最经济的水平上，并考虑到充分满足顾客要求的条件下进行市场研究、设计、制造和售后服务，把企业内各部门的研制质量、维持质量和提高质量的活动构成为一体的一种有效的体系。"

（一）全面质量管理的内容

全面质量管理过程的全面性，决定了全面质量管理的内容应当包括设计过程、制造过程、辅助过程、使用过程四个过程的质量。

1. 设计过程质量管理的内容

产品设计过程的质量管理是全面质量管理的首要环节。这里所指的设计过程，包括市场调查、产品设计、工艺准备、试制和鉴定等过程，即产品正式投产前的全部技术准备过程。主要工作内容有：

（1）通过市场调查研究，根据用户要求、科技情报与企业的经营目标，制定产品质量目标。产品质量的设计目标应来自市场的需要（包括潜在的需要），应同用户的要求保持一致；应具有一定的先进性，在可能的条件下，尽量采用国际先进标准。

（2）组织有销售、使用、科研、设计、工艺、制造和质管等部门参加的"三结合"审查和验证，确定适合的设计方案。不同的设计方案，反映着同一产品不同的质量水平或设计等级。不同质量水平的产品，必将引起成本和价格上的不同。而任何产品的价格通常总是有限度的，当价格超过一定限度，用户就会减少。为了提高产品质量水平（设计等级），成本的上升趋势几乎是无限的。因此，选定一个适合的设计方案，从经济角度看，就存在一个产品质量最佳水平的问题。

（3）保证技术文件的质量。这里的技术文件包括设计图纸、产品配方、工艺规程和技术资料等，它们是设计过程的成果，是制造过程生产技术活动的依据，也是质量管理的依据。这就要求技术文件本身也要保证质量。技术文件的质量要求是正确、完整、统一、清晰。为了保证技术文件的质量，技术文件的登记、保管、复制、发放、回收、修改和注销等工作，都应按规定的程序和制度办理；必须把技术文件的修改权集中起来，建立严格的修改审批和会签制度；应当建立技术的科学分类和保管制度；对交付使用的技术文件实行"借用制"和以旧换新。

（4）做好标准化的审查工作。产品设计的标准化、通用化、系列化，不仅有利于减少零部件的种类，扩大生产批量，提高制造过程质量，保证产品质量，而且有利于减少设计工作量，大大简化生产技术准备工作。因此，做好标准化的审查，也是设计过程质量管理的一项工作内容。

（5）督促遵守设计试制的工作程序。搞好新产品设计试制，应当按照科学的设计试制程序进行。一般其工作程序是：研究、试验、产品设计、样品试制试验和有关工艺准备、样品鉴定、定型、小批试制和有关工艺准备。企业应当在确保前一阶段工作完成和确认的情况下，再进行下一阶段的工作。

2. 制造过程质量管理的内容

这里的制造过程是指对产品直接进行加工的过程。它是产品质量形成的基础，是企业质量管理的基本环节。它的基本任务是保证产品的制造质量，建立一个能够稳定生产合格品和优质品的生产系统。主要工作内容有：

（1）组织质量检验工作。要求严格把好各工序的质量关，保证按质量标准进行生产，防止不合格品转入下道工序和出产。它一般包括原材料进厂检验、工序间检验和产品出厂检验。

（2）组织和促进文明生产。组织和促进文明生产，是科学组织现代化生产，加强制造过程质量管理的重要条件。它要求：按合理组织生产过程的客观规律，提高生产的节奏性，实现均衡生产；有严明的工艺纪律，养成自觉遵守的习惯；在制品码放整齐，储运安全；设备整洁完好；工具存放井然有序；工作地布置合理，空气清新，照明良好，四周颜色明快和谐，噪声适度。

（3）组织质量分析，掌握质量动态。分析应包括废品（或不合格品）分析和成品分析。废品分析，是为了找出造成废品的原因和责任，发现和掌握产生废品的规律性，以便采取措施，加以防止和消除。成品分析，是为了全面掌握产品达到质量标准的动态，以便改进和提高产品质量。质量分析，一般可以从规定的某些质量指标入手，逐步深入。这些指标有两类：一类是产品质量指标，如产品等级率、产品寿命等；另一类是工作质量指标，如废品率、不合格品率等。

（4）组织工序质量控制，建立管理点。工序质量控制是保证制造过程中产品质量稳定性的重要手段。它要求在不合格品发生之前，就能予以发现和预报，并能及时地加以处理和控制，有效地减少和防止不合格品的产生。组织工序质量控制应当建立管理点。管理点是指在对生产过程各工序进行全面分析的基础上，把在一定时期内，一定条件下需要特别加强和控制的重点工序或重点部位定为质量管理的重点对象。对它应使用各种必要的手段和方法加强管理。建立管理点的目的是使制造过程的质量控制工作明确重点，有的放矢，使生产处于一定的作业标准的管理状态中，保证工序质量的稳定良好。

组织工序质量控制还应当严格贯彻执行工艺纪律，强调文明生产。在实践中，控制图等统计方法的采用是进行工序质量控制的常见方法。

3．辅助过程质量管理的内容

这里的辅助过程，是指为保证制造过程正常进行而提供各种物资技术条件的过程。它包括物资采购供应、动力生产、设备维修、工具制造、仓库保管、运输服务等。制造过程的许多质量问题往往同这些部门的工作质量有关。辅助过程质量管理的基本任务是提供优质服务和良好的物质技术条件，以保证和提高产品质量。它主要包含如下内容：做好物资采购供应（包括外协准备）的质量管理，保证采购质量，严格入库物资的检查验收，按质、按量、按期提供生产所需要的各种物资（包括原材料、辅助材料、燃料等）；组织好设备维修工作，保持设备良好的技术状态；做好工具制造和供应的质量管理工作；等等。另外，企业物资采购的质量管理也将日益显得重要，因为原材料、外购件的质量状况明显地影响本企业的产品质量，特别是在电子行业，这种影响将对最终产品起到决定性的作用。在企业的产品成本中，一般原材料、零配件等所占的比重很大，机械产品一般占50%，化工产品一般占60%，钢铁产品一般占70%。因此，外购原材料、零部件的价格高低，以及能否按时交货，都会直接影响本企业的经济效益。所以，企业应当重视这一辅助过程的质量管理。

4. 使用过程质量管理的内容

使用过程是考验产品实际质量的过程,它是企业内部质量管理的延续,也是全面质量管理的出发点和落脚点。这一过程质量管理的基本任务是提高服务质量(包括售前服务和售后服务),保证产品的实际使用效果,不断促使企业研究和改进产品质量。它主要的工作内容有:开展技术服务工作,处理出厂产品质量问题;调查产品使用效果和用户要求。

(二)全面质量管理的推行步骤

在全面质量管理具体推行过程中,我们可以通过以下几个步骤来实施:

(1)通过培训教育,使企业员工牢固树立"质量第一"和"顾客第一"的思想,制造良好的企业文化氛围,采取切实行动,改变企业文化和管理形态。

(2)制定企业人、事、物及环境的各种标准,这样才能在企业运作过程中衡量资源的有效性和高效性。

(3)推动全员参与,对全过程进行质量控制与管理。以人为本,充分调动各级人员的积极性,推动全员参与。只有全体员工充分参与,才能使他们的才干为企业带来收益,才能够真正实现对企业全过程进行质量控制与管理,并且确保企业在推行全面质量管理过程中采用了系统化的方法进行管理。

(4)做好计量工作。计量工作包括测试、化验、分析、检测等,是保证计量的量值准确和统一,确保技术标准贯彻执行的重要方法和手段。

(5)做好质量信息工作。企业根据自身的需要,应当建立相应的信息系统,并建立相应的数据库。

(6)建立质量责任制,设立专门质量管理机构。全面质量管理的推行要求企业员工自上而下地严格执行,从一把手开始,逐步向下实施。全面质量管理的推行必须要获得企业一把手的支持与领导,否则难以长期推行。

日本著名质量管理专家石川馨博士指出:全面质量管理是经营的一种思想革命,是新的经营哲学。

国际质量科学院院士刘源张指出:世界上最好的东西莫过于全面质量管理了。他对全面质量管理有十分精辟的见解:全面质量管理是改善职工素质和企业素质,以达到提高质量、降低消耗和增加效益的目的;全面质量管理的关键是质量管理工作的协调和督促,而这件事最后只有一把手有权去做;管理的历史就是从管人到尊重人。

四、ISO 9000 质量管理体系

(一)概念

1. 质量管理体系

质量管理体系(Quality Management System)是指在质量方面指挥和控制组织的管理

体系。

质量管理体系是组织内部建立的,为实现质量目标所必需的系统的质量管理模式,是组织的一项战略决策。

它将资源与过程结合,以过程管理方法进行系统管理,根据企业特点选用若干体系要素加以组合,一般包括与管理活动、资源提供、产品实现,以及测量、分析与改进活动相关的过程组成,可以理解为涵盖了确定顾客需求、设计研制、生产、检验、销售、交付之前全过程的策划、实施、监控、纠正与改进活动的要求,一般以文件化的方式,成为组织内部质量管理工作的要求。

2. 国际标准化组织与 ISO 9000

国际标准化组织(International Organization for Standardization,ISO)成立于 1947 年,是由 131 个国家标准化机构参加的国际组织。其宗旨是:在全世界范围内促进标准化工作的发展,扩大各国在技术、经济各方面的交流与合作。它的主要活动是制定 ISO 标准,协调世界范围内的标准化工作。1978 年,我国成为 ISO 的正式成员。

1979 年,ISO 按专业性质设立了"质量保证技术委员会(ISO/TC 176)",负责制定有关质量保证技术和应用的国际标准,即 ISO 9000 系列质量管理体系标准。

ISO 9000 系列标准从 1987 年第一版问世以来,1994 年做了局部改动,2000 年做了大规模修改,又于 2008 年进行了小的调整。其后,ISO/TC 176 第二分委会在一系列调查、研究、协调的工作基础上,发布了最新的 2015 版的 ISO 9000 系列标准。

3. 质量管理体系认证

按照国际标准化组织(ISO)的定义,认证是指由国家认可的认证机构证明一个组织的产品、服务、管理体系符合相关标准、技术规范(TS)或其强制性要求的合格评定活动。

自从 ISO 9000 标准在中国推广以来,得到了广大企业的积极参与和市场的认可。获得认证企业更容易得到顾客的认同,可以在公开媒体上宣传其认证资格,提高了企业的市场形象。

据中国合格评定国家认可委员会统计,截至 2021 年 12 月,在中国境内共颁发 361 686 份 ISO 9001 质量管理体系认证证书。

(二)质量管理体系原则

2015 版 ISO 9001 质量管理体系中明确了七项原则。

1. 以顾客为关注焦点(Customer Focus)

组织依存于顾客。因此,组织应当理解顾客当前和未来的需求,满足顾客要求并争取超越顾客期望。

企业存在于社会的必要条件是它的产品得到社会的承认,也就是有一个顾客群体能接受你的产品。顾客对产品满意的程度越高,质量就越好;反之,即使企业做出了巨大的努力,付出了很大代价,却无法满足顾客的要求,那么产品就是低质量甚至无质量的。

可见，企业的经营活动以顾客为关注焦点是第一原则。

以顾客为关注焦点也可以说是以市场为中心。市场瞬息万变，企业不能满足于一时一事的成功，而要不断跟踪市场变化的脉搏，不断分析顾客的要求及要求的变化，使自己的产品及相关的经营活动不断满足顾客要求，适应这种要求的变化。这是一件非常困难的事，只有从领导者到全体员工都能充分重视，并付诸行动，才有可能做到这一点。企业具有完善的市场营销体系、研究策略，建立完备的产品及产品设计开发体系、严格保证质量的生产体系及完备的销售服务体系都是实现这个目标的手段。此外，以顾客为关注焦点，还体现在树立企业形象和企业文化方面。企业在市场中树立什么形象，提倡什么样的企业文化同样要以顾客为关注焦点，切忌我行我素，一旦市场不能接受这种形象，大部分顾客不能认同这种文化，即使产品再好、价格再适宜也将不受欢迎，这种情况在市场经济模式中更应受到重视。

2. 领导作用（Leadership）

领导者应确保组织的目的与方向的一致。他们应当创造并保持良好的内部环境，使员工能充分参与实现组织目标的活动。

质量管理是企业管理的重要组成部分，它不仅保证了企业产品不断满足顾客的要求，使企业营利，还能促进企业获得维持发展的动力和方向，找出企业经营过程中的薄弱环节及不断自我完善的途径。质量管理也是企业或组织领导的中心工作之一。领导在质量管理中的作用是极其关键的，其主要作用是将本企业的宗旨和经营方向与内部环境统一起来，创造一个既紧张又团结，既活跃又高效的充满集体主义色彩的企业文化和环境，使全体员工都能充分参与质量管理的各项活动，达到企业的预定目标。

3. 全员参与（Involvement of People）

各级人员都是组织之本，唯有其充分参与，才能使他们为组织的利益发挥其才干。全员参与是质量管理的基本原则之一。

在企业的方针与目标十分明确并为全体员工所真正接受的条件下，使全员都能参与质量管理和质量管理体系的建设是非常重要的，只有全员参与，质量管理才能落到实处并持之以恒，质量管理体系才能长期运行并得到不断改进和完善。全员参与应做到下列几点：

（1）企业的目标为全体员工认同和接受，并使企业的目标、企业所有者的目标、企业各部门的目标和每个员工的目标相一致。这是全员参与的根本。

（2）企业的职责分清。每个岗位、每个运行过程、每项活动都有明确的职责、权力、义务和利益的区分，既有定性的，也有定量的。这种职责分清是围绕着企业的目标所建立的。

（3）企业和组织有良好的集体主义精神及民主管理的风气，每个员工都愿意为集体出谋划策，提出合理化建议，并敢于承担责任。

（4）领导敢于放手，既能放手让全员一起活动，鼓励和激励大家为共同目标而努力，也能海纳百川，虚心接受来自各方面的意见，包括组织内和组织外的意见。领导敢于采用其中好的建议和批评，而不追究认为不合理、不中肯的意见，建立良好的管理沟通网络。

4. 过程方法（Process Approach）

将活动和相关资源作为过程进行管理，可以更高效地得到期望的结果。

要使质量管理达到高效，并能实现预期的目标，有机、科学、合理地调配各种资源，以一系列相关的过程来进行管理是最有效的办法。

所谓过程，ISO 9000 系列标准中定义为"任何将输入转化为输出的活动均可视为过程"。

为了保证某项活动（生产）的结果（产品）的质量符合标准，传统的方法是对最终产品进行检验，若符合标准，则允许交给顾客；若不符合标准，则返修或报废。这样做存在两个问题：一是到最终产品才发现问题，已经造成成本的增加；二是当产品批量较大时，不可能百分之百地进行检验，只有抽查，这样必然存在漏检的风险。为此，必须对整个生产或活动过程中每一个影响到质量（顾客要求）的环节进行控制。这种控制要求预先设定每个环节的工作流程和检验标准及要求，在生产或活动过程中严格按流程操作和检验（包括自检和互检），当发现不符合标准和要求时及时纠正。纠正的方法可以是返修、返工、报废，也可以是修改检验标准或要求。这样做最大的优点是防患于未然，对不合格品进行预防，降低了成本，提高了合格品的比例。

过程的六个方面：

（1）人员：管理人员和操作人员的质量意识、技术水平等。

（2）设备：设备本身及相应的工艺装备、刀具、工位、器具等。

（3）材料：原材料、半成品、毛坯及有关辅料的符合程度。

（4）方法：加工工艺、手段等。

（5）环境：厂房、设备布置、照明、温度等工作空间。

（6）测试手段：用来检测质量特性值或测试过程工艺参数的检验、测量工具和试验设备及相应的测试方法。

5. 改进（Improvement）

持续改进总体业绩应当是组织的永恒目标。

持续改进是指不断改善产品特征及特性，不断适应顾客要求，不断提高服务于生产和交付产品的过程的有效性和效率。因此，其包括下列活动：

（1）确定、测量和分析现状：以定性、定量的方法获得对企业现在客观状态的描述，并与顾客要求、市场信息进行对照，找出本企业存在的问题。有时也可以选择一个参考榜样，如同行中的优秀单位进行对照类比，找出差距。

（2）建立改进目标：根据自身的情况和各种资源状态，建立改进目标，可从产品、生产组织、服务体系、资本结构、方式等各个方面进行改进。

（3）寻找可能的解决办法：利用各种方法寻找达到这种改进目标的方法。例如，可以进行企业内部研究，也可以聘请外部专家，或立出专项进行招标，等等。

（4）评价这些解决办法：对这些解决办法要进行可行性研究，确定其合理性和可操作性，关键是要与本单位实际相吻合，方法既可行又高效。

（5）实施这些解决办法：要有组织、有计划地组织实施，领导要在改进中创造条件，协调关系，解决困难，激励员工，使这些办法得以有效执行。

（6）测量、验证和分析实施的结果：要将改进的结果与预期的目标相对照，分清哪些已经解决，哪些尚未解决，解决的程序如何，等等。

（7）将更改纳入文件：要将上述过程形成完整的文件集，特别是对结果的分析要纳入文件，其意义是有利于今后进一步的改进，总结经验和教训，找出规律。

（8）必要时须对结果进行评审，以确定进一步改进的必要性。

6. 循证决策（Factual Approach Decision Making）

有效决策建立在数据和信息分析的基础上。

成功的结果取决于活动实施之前的精心策划和正确决策。决策的依据应采用准确的数据和信息，分析或依据信息做出判断是一种良好的决策方法。在对数据和信息进行科学分析时，可借助于其他辅助手段。统计技术是最重要的工具之一。

应用基于事实的决策方法，首先，应对信息和数据的来源进行识别，确保获得充分的数据和信息的渠道，并能将得到的数据正确方便地传递给使用者，做到信息的共享，利用信息和数据进行决策并采取措施；其次，用数据说话，以事实为依据，有助于决策的有效性，减少失误并有能力评估和改变判断和决策。

决策作为过程就应有信息或数据的输入。决策过程的输出即决策方案是否理想，取决于输入的信息和数据及决策活动本身的水平。决策方案水平也决定了某一结果的成功与否。

由上得知，输入的信息和数据足够且可靠，也就是能准确反映事实，就能为决策奠定重要的基础。而决策过程中的活动应包括一些必不可少的逻辑活动，如为决策的活动制定目标、确定需解决的问题、实现目标应进行的活动、决策形成的方案的可行性评估等。这里包括了决策逻辑思维方法，即依据数据和信息进行逻辑分析的方法，可能统计技术是一种有效的数学工具。依照这一过程形成的决策方案应是可行或最佳的，是一种有效的决策，这也被认为是基于事实的有效的决策方法。

基于事实的决策方法的优点在于，决策是理智的，增强了依据事实证实过去决策有效性的能力，也增强了评估、判断和决策的能力。

7. 关系管理（Relationship Management）

组织与相关方是相互依存的，互利的关系可增强双方创造价值的能力。

随着生产社会化的不断发展，企业的生产活动分工越来越细，专业化程度越来越高。通常某一产品不可能由一个企业从最初的原材料开始加工直至形成产品并销售给最终顾客，往往是通过多个企业分工协作，即通过供应链来完成的。因此，任何一个企业都有其供方或合作伙伴。供方或合作伙伴所提供的材料、零部件或服务对企业的最终产品有着重要的影响。供方或合作伙伴提供高质量的产品，将给企业为顾客提供高质量的产品提供保证，最终确保顾客满意。企业的市场扩大，则为供方或合作伙伴增加了提供更多产品的机会。所以，企业与供方或合作伙伴是互相依存的。企业与供方的良好合作交流将最终促使企业与供方或合作伙伴均增强创造价值的能力，优化成本和资源，对市场或顾客的要求联合起来做出灵活快速的反应并最终使双方都获得效益。

五、质量成本管理

1. 质量成本及其构成

质量成本是指企业为了保证和提高产品质量而支付的一切费用，以及因未达到质量标准而产生的一切损失费用，这两方面费用的总和构成了质量成本。

质量成本包括预防成本、鉴定成本、内部损失成本和外部损失成本。国内质量成本科目一般均设立四个大科目，下设有二十几个明细科目，具体内容如下：

（1）预防成本。

预防成本是指用于预防产生不合格品与故障等所需的各项费用，包括：

质量工作费：企业质量体系中为预防、保证和控制产品质量，开展质量管理所发生的办公费，以及宣传收集情报、制定质量标准、编制质量计划、开展质量管理小组活动、进行工序能力研究、组织质量信得过活动等所支付的费用。

质量培训费：为达到质量要求，提高人员素质，对有关人员进行质量意识、质量管理、检测技术、操作水平等培训的费用。

质量奖励费：为改进和保证产品质量而支付的各种奖励费用，如 QC 小组成果奖、产品升等创优奖、质量信得过集体和个人奖、有关质量的合理化建议奖等奖励支出。

产品评审费：设计方案评价、试制产品质量的评审等所发生的费用。

质量改进措施费：为建立质量体系、提高产品及工作质量、改变产品设计、调整工艺、开展工序控制、进行技术改进的措施费用（属于成本开支范围部分）。

工资及附加费：质量管理科室和车间从事专职质量管理工作人员的工资及附加费。

（2）鉴定成本。

鉴定成本是指评定产品是否满足规定的质量要求所需的费用，包括：

检测试验费：对进厂的材料、外购、外协件、配套件、工量具，以及生产过程中的半成品、在制品及产成品，按质量标准进行检查、测试，以及设备的维修、校正所发生的费用。

工资及附加费：指专职检验、计量人员的工资及附加费。

办公费：为检验、试验所发生的办公费用。

检测设备折旧费：用于质量检测的设备折旧及大修理费用。

（3）内部损失成本。

内部损失成本是指产品出厂前因不满足规定的质量要求而支付的费用，包括：

废品损失：无法修复或在经济上不值得修复的在制品、半成品及产成品报废而造成的净损失。

返修损失：对不合格的在制品、半成品及产成品进行返修所耗用的材料、人工费。

停工损失：由于质量事故引起的停工损失。

事故分析处理费：对质量问题进行分析处理所发生的直接损失。

产品降级损失：产品因外表或局部的质量问题而达不到质量标准，又不影响主要性能而降级处理的损失。

（4）外部损失成本。

外部损失成本指产品出厂后因不满足规定的质量要求，导致索赔、修理、更换或信誉损失等而支付的费用，包括：

索赔费用：产品出厂后，由于质量缺陷而赔偿给用户的费用。

退货损失：产品出厂后，由于质量问题而造成的退货、换货所发生的损失。

保修费：根据合同规定或在保修期内为用户提供修理服务所发生的费用。

诉讼费：用户认为产品质量低劣，要求索赔，提出申诉，企业为处理申诉所支付的费用。

产品降价损失：产品出厂后，因低于质量标准而进行降价造成的损失。

2．质量成本核算的意义

质量成本核算工作，就是将企业在生产经营过程中，为了保证和提高产品质量所发生的费用，以及由于产品达不到质量标准所造成的损失费用，进行归集、整理、核算、汇总、分析，针对出现的问题，提出解决的方法或建议，为企业领导决策提供依据。其目的在于用货币形式，综合反映企业质量管理活动及其结果，为企业的全面质量管理工作提供数据。其实际意义表现在以下几方面：

（1）反映和监督企业在生产经营过程中开展质量管理活动的各项费用支出及各种质量损失，使企业更有效地推行质量管理工作，减少质量损失。通过质量成本核算，揭示技术、管理等方面存在的问题，揭示企业各部门、各单位及个人在质量职能上存在的薄弱环节。

（2）正确归集和分配各项质量费用，计算产品的总质量成本和单位质量成本，为编制质量成本计划，进行质量成本分析和考核，实施质量成本控制，提供准确、完整的数据资料。

（3）通过质量成本核算，探求企业在一定的生产技术、管理条件下最经济的质量水平，找出质量的合格程度和质量成本间的变化关系，以改善质量成本结构，降低质量成本，提高企业质量管理的经济性。

3．质量成本控制的步骤

质量成本控制一般分为三个步骤，即事前控制、事中控制和事后处置。事前确定质量成本控制的标准；事中控制监督质量成本的形成过程，这是控制的重点；事后处置查明造成实际质量成本偏离目标质量成本的原因。

4．最佳质量成本

质量成本的优化与质量成本的合理构成有关，质量成本的四个项目之间存在一定的比例关系，如表 6-2 所示。

表 6-2　最佳质量成本构成

质量成本项目	占质量成本的比重/%
内部损失成本	25～40
外部损失成本	22～40
鉴定成本	10～50
预防成本	1～5

为了提高产品质量、降低质量成本，可以按下列步骤来改进质量成本，以达最佳质量成本占比：

（1）当内外部损失成本之和大于 70%，预防成本小于 10% 时，工作重点应放在研究提高质量的措施和加强预防性上。

（2）当内外部损失成本之和接近 50%，预防成本接近 10% 时，工作重点应放在维持和控制上。

（3）当内外部损失成本之和小于 40%，鉴定成本大于 50% 时，工作重点应放在巩固工序控制的成效、改进检验程序上。

质量成本中四大项目的费用大小与产品合格质量水平（合格品率）之间存在一定的变化关系（图 6-5）。反映变化关系的曲线称为质量成本特性曲线。

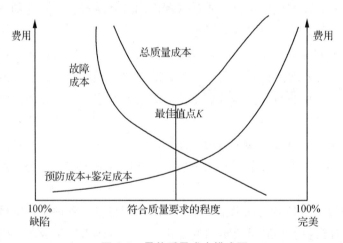

图 6-5　最佳质量成本模式图

六、六西格玛（6σ）管理

1. 定义

西格玛是希腊字母 σ 的中文译音，统计学上用来表示标准偏差，即数据的分散程度。

对连续可计量的质量特性，用"σ"度量质量特性总体上对目标值的偏离程度。减小偏差是减少缺陷的关键。

几个西格玛是一种表示品质的统计尺度。任何一个工作程序或工艺过程都可用几个西格玛表示。在 σ 符号前面的值越大,出错的机会就越小。六西格玛可解释为每一百万个机会中有 3.4 个出错的机会,即合格率是 99.999 66%。而三西格玛的合格率只有 99.73%。

六西格玛管理方法的重点是将所有的工作作为一种流程,采用量化的方法分析流程中影响质量的因素,找出最关键的因素并加以改进,从而达到更高的客户满意度。

六西格玛(Six Sigma)在 20 世纪 90 年代中期开始从全面质量管理方法演变成为一种高度有效的企业流程设计、改善和优化技术,并提供了一系列同等的适用于设计、生产和服务的新产品开发工具,继而与全球化、产品服务、电子商务等战略齐头并进,成为世界上追求管理卓越性的企业最为重要的战略举措。六西格玛逐步发展成为以顾客为主体来确定企业战略目标和产品开发设计的标尺,追求持续进步的一种质量管理哲学。

理解六西格玛不需要很深的统计学技术或背景,事实上"六西格玛是什么"能以各种不同的方式来回答,可将其定义为:

(1)过程或产品业绩的一个统计量。

(2)业绩改进趋于完美的一个目标。

(3)能实现持续领先和世界级业绩的一个管理系统。

2. 六西格玛的主要原则

在推动六西格玛时,企业要真正能够获得巨大成效,必须把六西格玛当成一种管理哲学,其中有六个重要主旨,每项主旨背后都有很多工具和方法来支持。

(1)真诚关心顾客。六西格玛把顾客放在第一位。例如,在衡量部门或员工绩效时,必须站在顾客的角度思考,先了解顾客的需求是什么,再针对这些需求来设定企业目标,衡量绩效。

(2)根据资料和事实管理。近年来,虽然知识管理渐渐受到重视,但是大多数企业仍然根据意见和假设来做决策。六西格玛的首要规则便是厘清在评定绩效时,究竟应该要做哪些衡量,然后再运用资料和分析,了解公司表现距离目标有多少差距。

(3)以流程为重。无论是设计产品,还是提升顾客满意度,六西格玛都把流程当作是通往成功的工具,是一种提供顾客价值与竞争优势的方法。

(4)主动管理。企业必须时常主动去做那些一般公司经常忽略的事情,如设定远大的目标,并不断检讨;设定明确的优先事项;强调防范而不是救火;常质疑"为什么要这么做",而不是常说"我们都是这么做的"。

(5)协力合作无界限。改进公司内部各部门之间、公司和供货商之间、公司和顾客之间的合作关系,可以为企业带来巨大的商机。六西格玛强调无界限的合作,让员工了解自己应该如何配合组织大方向,并衡量企业的流程中各部门活动之间有什么关联。

(6)注重效率与效果的变化。在六西格玛管理中强调"度量"的重要性,没有度量就没有管理。这里不仅要度量"产品"符合顾客要求的程度,还要度量服务乃至工作过程等。因此,六西格玛质量的含义已经不仅局限于产品特性,还包括了企业的服务与工作质量。如果一个企业的核心业务过程能够达到六西格玛质量水平，那么就意味着这个企业可以用最短的周期、最低的成本满足顾客要求。因此，六西格玛质量是非常有竞争力的质量。

3．实施步骤（DMADOV）

第一步，定义（Define）。这一步要解决的问题是，明确你是做什么的，你向顾客提供的产品或服务是什么，并确定用以测量你的产品或服务的单位是什么。

第二步，测量（Measure）。这一步要解决的问题是，明确你的顾客是谁，你的顾客的期望是什么，顾客的关键要求是什么，并且要明确你为顾客提供的产品或服务中缺陷、次品分别是什么，缺陷率是多少。

第三步，分析（Analyze）。这一步要解决的问题是，明确你的输入是什么，即你需要你的供应商给你什么，明确你的供应商是谁（因为你的供应商通常不止一个）。你要权衡利弊，希望哪个供应商给你供货。

第四步，设计（Design）。这一步要解决的问题是，根据你的工作流程设计出一张实际流程图，了解流程图的作用及特点。

第五步，优化（Optimize）。这一步要解决的问题是，用检查单收集流程中出现缺陷的数据，用柏拉图显示数据，用鱼刺图分析造成主要缺陷的原因，优化改进流程，绘制新的流程图。

第六步，验证（Verify）。这一步要解决的问题是，通过测量、分析并控制已改进的流程，保证质量不断提高。

4．六西格玛团队的组织

六西格玛团队的组织结构如下：

冠军（Champion）：六西格玛计划的领导者。

黑带大师（Master Black Belt）：六西格玛项目的中坚力量。

黑带（Black Belt）：专职从事六西格玛项目的骨干力量。

绿带（Green Belt）：半专职的六西格玛项目成员。

黄带（Yellow Belt）：所有员工。

思考题

1．叙述质量的含义。

2．质量管理的形成大致经历了哪几个发展阶段？各阶段的主要特点是什么？

3．叙述全面质量管理的意义和基本要求。

4．质量认证的作用是什么？

5．何谓 SPC？它的方法有哪些？

6．何谓 TQM？如何理解全面质量管理过程的全面性？

7. TQM 推行的步骤是什么？
8. ISO 9001 质量管理体系中的七项原则是什么？
9. 何谓 6σ 管理？
10. 质量成本的构成有哪些？如何降低质量成本？

模块七

车间职业健康安全及环境管理

学习目标

【主要能力指标】

了解安全管理的基本原理。

熟悉清洁生产。

熟悉绿色工厂。

掌握安全教育的内容。

【相关能力指标】

能够对安全事故进行初步分析。

能够对安全风险进行初步判断。

一、环境管理

（一）概念

1. 环境

环境指企业运行活动的外部存在，包括空气、水、土地、自然资源、植物、动物、人，以及它们之间的相互关系。其中水、空气、土地等称为环境介质；植物、动物、人等称为环境受体；而自然资源包括石油、煤、海洋生物等。环境就是它们的有机整体。

随着科技的发展，特别是工业化的兴起、城市化的发展，人类的生活水平得到了很大的提高，但人类对地球环境的破坏越来越严重，甚至威胁到了人类的生存和发展。

20世纪下半叶以来，环境问题日益突出。困扰当今世界的八大环境问题：温室效应与全球变暖、臭氧层破坏、酸雨、水污染与淡水资源短缺、土地沙漠化、生物多样性丧失、海洋污染、危险废物越境转移。每一个问题都严重影响着我们的生存环境。而最为严重的也是与工业企业关系最为密切的，是温度效应与全球变暖、臭氧层破坏、酸雨、水污染与淡水资源短缺四个问题。

2. 环境影响

环境影响指企业活动对环境造成的不利或有益的变化。不利的变化是指污染的排放，包括水、气、声、渣和辐射等的排放，还包括能源的消耗。有益的变化是指对环境的改善，如植树造林，采用环保材料、节能设备等。

3. 环境管理

环境管理指通过对企业活动的管理，控制其对环境的影响，降低或消除不利的影响，加强或改善有益的影响。

具体内容体现在两方面：对企业来说，管理生产全过程中的污染物排放及能源的消耗，采取的措施是严格限制污染物的不合理排放，对企业进行产品结构调整，加强技术改造，实行清洁生产等；对个人来说，管理人的行为，特别是其消费需求和不良环境行为，采取的措施是建立绿色消费观念，反对无节制高消费，培养正确的环境道德。

环境管理主要有以下基本手段：

（1）行政手段。指通过行政程序直接管理环境。具体来说是根据国家环境保护的政策、规划及行政决议等，对从事开发活动的人、财、物等实施管理。

（2）法律手段。指运用法律武器依法管理环境。具体包括制定环境法律法规，组建执法队伍，通过强制手段调整开发活动中的各种关系，通过司法程序实施行政、经济或刑事制裁。

（3）经济手段。指运用税收、征收有偿使用费及奖励、罚款等手段间接管理环境。具体包括税收和收费制度，财政补贴，市场交易及押金制度，等等。

（4）宣传教育手段。指普及环境科学知识，进行思想动员。具体包括通过环境教育培养环境保护的专门人员；提高公民的环境意识，实行科学管理，提倡社会监督的氛围。

（5）技术手段。指借助既能提高劳动生产率，又能把环境污染和生态破坏控制到最小限度的技术及先进的污染治理技术等手段保护环境。这是最彻底、最有效的保护环境的手段。

4. 环境管理体系与 ISO 14000

1992 年，ISO 按专业性质设立了"环境管理标准化技术委员会（ISO/TC 207）"，负责制定有关环境保证技术和应用的国际标准，即 ISO 14000 系列环境管理体系标准。

ISO 14000 标准自 1996 年诞生后，经历了两次修订：2004 年的第一次修订，2015 年的第二次修订。

ISO 14000 环境管理体系的建立和认证，也得到了广大企业的积极参与。实施 ISO 14000 标准后，企业有了明显的收益：

（1）通过实施贯彻环境管理体系，提高了领导和员工的环境保护意识。

（2）企业在业务不断发展增长的同时，降低了对环境的影响，减少了浪费，节约了能源。

（3）帮助企业改进业务流程、节约成本和应对未来的环境挑战。

（4）通过实施环境管理体系，满足了企业有关环保法律法规要求，规避或降低了违法的风险,实现了可持续发展,提升了企业环保的社会形象,赢得了客户、政府和员工的青睐、认可。

(5) 减轻了环境状况对企业的潜在有害影响。

(6) 有利于企业参与国际竞争,突破贸易壁垒。

据中国合格评定国家认可委员会统计,截至2021年12月,在中国境内共颁发186 271份 ISO 14001 环境管理体系认证证书。

(二) 清洁生产

清洁生产是指将综合预防的环境保护策略持续应用于生产过程和产品中,以期降低对人类和环境的风险。清洁生产从本质上来说,就是对生产过程与产品采取整体预防的环境策略,减少或者消除它们对人类及环境的可能危害,同时充分满足人类需要,使社会经济效益最大化的一种生产模式。

清洁生产的定义包含了两个全过程控制:生产全过程控制和产品整个生命周期全过程控制。

对生产过程而言,清洁生产包括节约原材料与能源,尽可能不用有毒原材料,并在生产过程中减少它们的数量和毒性;对产品而言,则是从原材料获取到产品最终处置过程中,尽可能将对环境的影响减小到最低。

清洁生产的内涵主要强调以下三个"清洁":

(1) 清洁能源:包括开发节能技术,尽可能开发利用可再生能源及合理利用常规能源。

(2) 清洁生产过程:包括尽可能不用或少用有毒有害原料和中间产品;对原材料和中间产品进行回收,改善管理措施,提高效率。

(3) 清洁产品:包括以不危害人体健康和生态环境为主导因素来考虑产品的制造过程甚至使用之后的回收利用,减少原材料和能源使用。

自1989年联合国开始在全球范围内推行清洁生产以来,全球先后有8个国家建立了清洁生产中心,推动着各国清洁生产不断向深度和广度拓展。

我国政府早在1992年就将清洁生产列入《环境与发展十大对策》中。1999年,北京、上海、江苏、山东等10个省市被选作试点地区进行清洁生产示范。到2000年底,1个国家清洁生产中心及对应的16个地方中心相继建立起来,形成了一张巨大的全国清洁生产网络。

我国的200多家企业在推行清洁生产之后,废水排放量平均消减率达40%~60%,COD消减率达到40%以上,获得经济效益5亿多元。

可见,清洁生产使企业对资源的利用效率明显提高,大大减少了各种污染物的排放,获得了很好的环境和经济效益。

但目前我国推行清洁生产的企业还是少数。另外,在清洁生产各种技术管理层面上,我国与发达国家的差距依然很大。清洁生产的推广工作任重而道远。

为此，国家发改委等部门印发了《"十四五"全国清洁生产推行方案》（发改环资〔2021〕1524号），全面部署推行清洁生产的总体要求、主要任务和组织保障，为"十四五"时期清洁生产指明了推行路径。

（三）绿色工厂

所谓绿色工厂，是指实现了厂房集约化、原料无害化、生产洁净化、废物资源化、能源低碳化的工厂。

绿色工厂是制造业的生产单元，是绿色制造的实施主体，属于绿色制造体系的核心支撑单元，侧重于生产过程的绿色化。通过采用绿色建筑技术建设、改造厂房，预留可再生能源应用场所和设计负荷，合理布局厂区内能量流、物质流路径，推广绿色设计和绿色采购，开发生产绿色产品，采用先进适用的清洁生产工艺技术和高效末端治理装备，淘汰落后设备，建立资源回收循环利用机制，推动用能结构优化，从原材料进厂到产品回收处理全过程，最大限度地降低资源消耗，尽可能少用或不用含有毒有害物质的原材料，减少污染物产生和排放，实现工厂的绿色发展。

关于加强对企业建立绿色工厂的指导，国家编制并下发了《绿色工厂评价通则》（GB/T 36132—2018），明确了绿色工厂的一级7大类和二级26小类的评价指标。

二、职业健康安全管理

企业除了要求低耗清洁生产外，还要求健康安全生产，这是落实科学发展观的先进生产模式。健康安全生产的要求主要体现在四个方面：改善作业条件，减少职业危害；消除、降低事故隐患；杜绝重大事故；以人为本，向零事故、零职业病努力。

21世纪前十年随着中国成为世界制造大国，企业安全生产形势非常严峻，体现在三个方面：一是各类伤亡事故的总量居高不下；二是特大、重大事故频繁发生，造成群死群伤类恶性事件；三是企业员工的职业健康状况令人担忧，每年因工伤事故直接损失数十亿元，因职业病损失近百亿元。因此，加强安全生产和职业健康管理刻不容缓。

（一）概念

1. 安全

安全是指人的身心免受外界因素危害的存在状态及其保障条件，通俗地说，是指没有受到威胁，没有危险、危害、损失。安全是在人类生产过程中，将系统的运行状态对人类的生命、财产、环境可能产生的损害控制在人类不感觉难受的水平以下的状态。

2. 安全生产

安全生产是指生产经营活动中的人身安全和财产安全。生产经营活动中的人身安全是指保障人的安全、健康、舒适的工作。生产经营活动中的财产安全是指消除损坏设备、产品和其他一切财产的危害因素，保证生产正常进行。

在我国企业的安全生产中有个"四不伤害"原则：

（1）我不伤害自己。就是要提高自我保护意识，不能由于自己的疏忽、失误而使自己受到伤害。它取决于自己的安全意识和安全知识、对工作任务的熟悉程度、岗位技能、工作态度、工作方法、精神状态、作业行为等多方面的因素。

（2）我不伤害他人。就是我的行为或行为后果不能对他人造成伤害。

（3）我不被他人伤害。就是每个人都要加强自我防范意识，工作中要避免他人的错误操作或其他隐患对自己造成伤害。

（4）我不让别人被伤害。就是在任何地方发现任何事故隐患，都要主动告知或提示他人，提示他人遵守各项规章制度和安全操作规程。

3. 安全管理

安全管理是指管理者对安全生产进行的计划、组织、指挥、协调和控制的一系列活动，以防止和控制事故发生并最大限度减少其损失，保护职工在生产过程中的安全与健康，保护国家和集体的财产不受损失，促进企业改善管理、提高效益，保障事业的顺利发展。

4. 职业病

职业病是指企业、事业单位的劳动者在职业活动中，因接触粉尘、放射性物质和其他有毒、有害物质等因素而引起的疾病。

5. 风险

风险是指不确定性的影响。所谓不确定性，是指对事件及其后果缺乏相关信息、知识或不理解；所谓影响，是指对事件结果的预期的偏离。

通常，风险以潜在事件的后果及发生的可能性来表述。因此，风险有大小之分。风险是一种客观存在，风险是与损失或伤害相关的状态。

评估风险大小及确定风险是否可容许的全过程，称为风险评价。

6. 危险源

危险源是指可能导致伤害和健康损害的来源。它既包括可能导致伤害或危险状态的来源，也包括因暴露而导致伤害和健康损害的环境。

在企业生产经营活动中识别出可能造成人员伤害、财产损失和环境破坏的因素，并判定其可能导致的事故类别和导致事故发生原因的过程，称为危险源辨识。其目的是消除或降低风险，保障人身和财产安全。

7. 事件

事件是指由工作引起的或在工作过程中发生的可能或已经导致伤害和健康损害的情况。

已发生伤害和健康损害的事件又称为事故，未发生的一般称为未遂事故或事故隐患。

8. 事故

事故是指企业在生产经营活动（包括与生产经营有关的活动）中突然发生的伤害人身安全和健康，或者损坏设备设施，或者造成经济损失，导致原生产经营活动（包括与生产经营有关的活动）暂时中止或永远终止的意外事件。

（二）安全管理

"安全无小事"，安全管理最根本的目的是保护生产人员的生命和健康，是企业正常生产与运营的必要保证。车间安全管理是企业各项安全管理中最为重要的组成部分，是为保护员工在生产过程中的安全与健康而采取的各种管理措施和技术措施。其主要目的是改善劳动条件，预防和消除员工伤亡事故和职业危害，保证生产正常有序进行。安全生产管理要在发展生产的基础上实现四个转变：变危险为安全，变笨重为轻便，变污染为清洁，变有害为无害。

1. 安全管理的意义和作用

（1）搞好安全管理是防止伤亡事故和职业危害的根本对策。

（2）搞好安全管理是贯彻落实"安全第一，预防为主"方针的基本保证。

（3）安全技术和劳动卫生措施要靠有效的安全管理，才能发挥应有的作用。

（4）在技术、经济力量薄弱的情况下，为了实现安全生产，更加需要突出安全管理的作用。

（5）搞好安全管理，有助于改进企业管理，全面推进企业各方面工作的进步，促进经济效益的提高。

2. 安全管理的基本原理

安全管理有四大基本原理，即系统原理、人本原理、预防原理、强制原理。

（1）系统原理。

安全生产管理是生产管理的一个子系统，它包括各级安全管理人员、安全防护设备与设施、安全管理规章制度及安全生产管理信息等。安全贯穿于生产活动的方方面面，安全生产管理是全方位、全天候和涉及全体人员的管理。安全管理应遵守以下原则：

① 整分合原则。高效的现代安全管理必须在整体规划下明确分工，在分工基础上有效地综合。

② 反馈原则。反馈普遍存在于各种系统中，是管理中的一种普遍现象。成功、高效的安全管理，离不开灵活、准确、快速的反馈。企业生产的内部条件和外部环境在不断变化，所以必须及时捕获、反馈各种安全生产信息，及时采取行动。

③ 封闭原则。任何一个管理系统的管理手段、管理过程等必须构成一个连续封闭的回路，才能形成有效的管理活动，这就是封闭原则。在企业安全生产中，各管理机构之间、各种管理制度和方法之间，必须具有紧密的联系，形成相互制约的回路，才能有效。

④ 动态相关性原则。构成系统的各个要素是运动和发展的，而且是相互关联的，它们之间相互联系又相互制约，这就是动态相关性原则。

（2）人本原理。

在管理活动中必须把人的因素放在首位，体现以人为本的指导思想，这就是人本原理。

以人为本有两层含义：一是一切管理活动都是以人为本展开的，人既是管理的主体，又是管理的客体,每个人都处在一定的管理层面上,离开人就无所谓管理;二是管理活动中,作为管理对象的要素和管理系统各环节,都是需要人来掌管、动作、推动和实施的。

人本原理应遵守三个原则:

① 能级原则。现代管理认为,企业和个人都具有一定的能量,并且可按照能量的大小顺序排列,形成管理的能级,如图7-1所示。

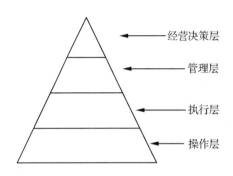

图7-1 稳定的能级结构图

建立一套合理的能级,根据单位和个人能量的大小安排其工作,发挥不同能级的能量,保证了结构的稳定性和管理的有效性。

② 动力原则。推动管理活动的基本力量是人,管理必须有能够激发人的工作能力的动力。动力体现为物质动力、精神动力和信息动力。

③ 激励原则。管理中的激励就是利用某种外部诱因的刺激,调动人的积极性和创造性。以科学的手段,激发人的内在潜力,使其充分发挥积极性、主动性和创造性,这就是激励原则。激励过程如图7-2所示,未得到满足的需要会造成人的心理紧张,从而产生动机,在动机的驱动下,会采取行动以实现目标,需要得以满足,激励消失。

需要 ⟶ 心理紧张 ⟶ 动机 ⟶ 行动 ⟶ 实现目标 ⟶ 需要满足 ⟶ 激励状态解除

图7-2 激励过程

(3) 预防原理。

通过有效的管理和技术手段,减少和防止人的不安全行为和物的不安全状态,这就是预防原理。

预防,本质是在有可能发生意外人身伤害或健康损害的场合,采取事前的措施,防止伤害的发生。

预防和善后是安全管理的两种工作方法。善后是针对事故发生以后所采取的措施和进行的处理,因为事故造成的伤害和损失已经发生,这种善后只是相对的、被动的。而预防的工作方法是主动的、积极的,是安全管理应该采取的主要方法。

由于预防是事前的工作,因此正确性和有效性就十分重要。生产系统一般都是复杂的系统,事故的发生既有物的方面的原因,又有人的方面的原因,事先很难充分估计。

为了使预防工作真正起到作用，一方面，要重视经验的积累，对已发生事故和大量未遂事故进行统计分析，从中发现规律；另一方面，要采用科学的安全分析手段、评价技术，对生产中人和物的不安全因素及后果做出准确判断，从而实施有效的对策，预防事故的发生。

预防原理应遵守以下三个原则：

① 偶然损失原则。

事故发生的后果（人员伤亡、健康损害、物质损失等），以及后果的大小如何，都是随机的，是难以预测的。反复发生的同类事故，并不一定产生相同的后果，这就是事故损失的偶然性。

对于人身事故，美国学者海因里希（Heinrich）根据调查统计结果，得出了重伤（包括死亡）、轻伤和无伤害事件发生的概率之比为1∶29∶300，称为海因里希法则。也有的事故的发生没有造成任何损失，这种事故被称为险肇事故。但若再次发生完全类似的事故会造成多大的损失，则只能由偶然性决定，无法预测。

根据事故损失的偶然性，可得到安全管理上的偶然损失原则：无论事故是否造成损失，为了防止事故损失的发生，唯一的办法是防止事故再次发生。这个原则强调，在安全管理实践中，一定要重视各类事故，包括险肇事故，只有连险肇事故都控制住，才能真正防止事故损失的发生。

② 因果关系原则。

因果，即原因和结果。因果关系是指事物之间存在着一事物是另一事物发生的原因的关系。事故是许多因素互为因果连续发生的最终结果。一个因素是前一个因素的结果，而又是后一个因素的原因。事故的因果关系决定了事故发生的必然性，即决定了事故或迟或早必然要发生。

掌握事故的因果关系，砍断事故因素的环链，就消除了事故发生的必然性，就可能防止事故的发生。事故的必然性中包含着规律性。必然性来自因果关系，深入调查、了解事故因素的因果关系，就可以发现事故发生的客观规律，从而为防止事故发生提供依据。

从事故的因果关系中认识必然性，发现事故发生的规律性，变不安全条件为安全条件，把事故消灭在早期起因阶段，这就是因果关系原则。

③ 本质安全化原则。

本质安全化原则来源于本质安全化理论。其指从一开始和从本质上实现安全化，就可以从根本上消除事故发生的可能性，从而达到预防事故发生的目的。所谓本质上实现安全化，指的是设备、设施或技术工艺含有内在的能够从根本上防止发生事故的功能。

本质安全化是安全管理预防原理的根本体现，也是安全管理的最高境界，实际上目前还很难达到，但是我们应该坚持这一原则。本质安全化的含义也不仅局限于设备、设施的本质安全化，而应扩展到新建工程项目，交通运输，新技术、新工艺、新材料的应用，甚至包括人们的日常生活等各个领域。

(4) 强制原理。

采取强制管理的手段控制人的意愿和行为，使个人的活动、行为等受到安全生产管理要求的约束，从而实现有效的安全生产管理，这就是强制原理。

一般来说，管理均带有一定的强制性。管理是指管理者对被管理者施加作用和影响，并要求被管理者服从其意志，满足其要求，完成其规定的任务。不强制便不能有效地抑制被管理者的无拘个性，不能将其调动到符合整体管理利益和目的的轨道上来。

安全管理需要强制性是由事故损失的偶然性、人的"冒险"心理及事故损失的不可挽回性所决定的。安全强制性管理的实现，离不开严格合理的法律、法规、标准和各级规章制度，这些法规、制度构成了安全行为的规范。同时，还要有强有力的管理和监督体系，以保证被管理者始终按照行为规范进行活动，一旦其行为超出规范的约束，就要有严厉的惩处措施。

强制原理应遵守以下原则：

① 安全第一原则。

安全第一就是要求在进行生产和其他活动的时候把安全放在一切工作的首要位置。当生产和其他工作与安全发生矛盾时，要以安全为主，生产和其他工作要服从安全，这就是安全第一原则。

安全第一原则可以说是安全管理的基本原则，也是我国安全生产方针的重要内容。贯彻安全第一原则，就是要求一切经济部门和生产企业的领导者要高度重视安全，把安全当作头等大事来抓，要把保证安全作为完成各项任务、做好各项工作的前提条件。在计划、布置、实施各项工作时首先要想到安全，预先采取措施，防止事故发生。该原则强调，必须把安全生产作为衡量企业工作好坏的一项基本内容，作为一项有"否决权"的指标，不安全就不准进行生产。

② 监督原则。

为了促使各级生产管理部门严格执行安全法律、法规、标准和规章制度，保护职工的安全与健康，实现安全生产，必须授权专门的部门和人员行使监督、检查和惩罚的职责，以揭露安全工作中的问题，督促问题的解决，追究和惩戒违章失职行为，这就是安全管理的监督原则。

安全管理带有较多的强制性，只要求执行系统自动贯彻实施安全法规，而缺乏强有力的监督系统去监督执行，则法规的强制威力是难以发挥的。随着社会主义市场经济的发展，企业成为自主经营、自负盈亏的独立法人，国家与企业、企业经营者与职工之间的利益差别，在安全管理方面也有所体现。它表现为生产与安全、效益与安全、局部效益与社会效益、眼前利益与长远利益的矛盾。企业经营者往往容易片面追求质量、利润、产量等，而忽视职工的安全与健康。在这种情况下，必须建立专门的监督机构，配备合格的监督人员，赋予必要的强制权力，以保证其履行监督职责，才能保证安全管理工作落到实处。

3. 安全教育

安全教育是指对职工进行防止和消除生产过程中人身、设备事故及职业危害，实现企业安全生产的教育活动。内容包括：安全生产及劳动保护法令政策知识、操作技术规程、有关规章制度、安全装置及防护器具的使用方法、典型经验及事故分析等。

据统计，90%以上的工伤事故发生在生产现场，而70%以上的事故是由职工违章作业和思想麻痹造成的。因此，对员工施加安全教育，确保其安全意识，是防止伤害的根本措施。

安全教育形式主要有新员工入厂三级安全教育和专项安全教育两种。下面介绍三级安全教育。

（1）一级教育——厂级安全教育。内容主要有：

① 讲解各项有关安全生产的方针、政策、法令法规，以及劳动保护的意义、任务、内容和基本要求，使员工树立"安全第一、预防为主"和"安全生产，人人有责"的思想。

② 介绍企业的安全生产情况，如企业安全生产发展史，企业生产特点，企业设备分布情况，特种设备的性能、作用、分布和注意事项，企业生产主要危险及要害部位；介绍一般安全生产防护知识和电气、起重、机械方面的安全知识；介绍企业的安全生产组织机构及企业的主要安全生产规章制度；等等。

③ 介绍企业安全生产的经验和教训，结合企业和同行业常见事故安全进行剖析讲解，阐明伤亡事故发生的原因及事故处理程序等。

④ 提出希望和要求，要求工人生产劳动过程中努力学习安全技术、操作规程，经常参加安全生产经验交流和事故分析活动，参加安全生产月活动；遵守操作规程和劳动纪律，不擅自离开工作岗位，不违章作业，不随便出入危险区域及要害部位；注意劳逸结合，正确使用劳动保护用品；等等。

（2）二级教育——车间安全教育。内容主要有：

① 介绍本车间生产特点和性质。

② 根据车间的特点介绍安全技术基础知识。

③ 介绍消防安全知识。

④ 介绍车间安全生产和文明生产制度。

（3）三级教育——班组安全教育。内容主要有：

① 介绍本班组生产概况、特点、范围、作业环境、设备状况、消防设施等。

② 讲解本岗位使用的机械设备、工器具的性能，防护装置的作用和使用方法，讲解本工种安全操作规程、岗位责任及有关安全注意事项。

③ 讲解正确使用劳动保护用品及其保管方法和文明生产的要求。

④ 示范实际安全操作方法，重点讲解安全操作要领。

（三）事故管理

虽然员工刚进企业就要接受三级安全教育，平时还要接受专项安全教育，但由于心理和情绪的不稳定性，员工在工作中容易存在轻视心理、麻痹心理、侥幸心理，因此安全事故是不可避免的。一旦发生安全事故，要科学管理，才能减少二次伤害，避免再次伤害。

1. 事故的特性

（1）普遍性。由于生产活动中普遍存在人的不安全行为和物的不安全状态，因此，导致人员伤亡和财产损失的危险因素是普遍存在的。

（2）随机性。事故是偶然发生的，具有随机性的特点，并且事故发生的时间、地点、形式、规模、后果都是不确定的。无论科学技术发展到何种程度，对何时、何地发生何种事故，其后果如何，都不可能准确地预测。正是因为事故具有随机性，很多人才有侥幸心理，事故管理起来难度也更大。

（3）必然性。按照安全系统工程的观点，人们在生产过程中必然会发生事故，只不过是时间长短、事故损失的严重程度不同而已。人们采取措施预防事故，只能延长事故发生的时间间隔，从而降低事故发生的概率。表面看来，事故的发生仿佛带有极大的偶然性，其实在这种偶然性中隐藏着必然性，虽在意料之外，实在情理之中。

（4）因果相关性。事故是系统中相互联系、相互制约的多种因素共同作用的结果，导致事故的原因也是多种多样的。但是无论何种事故，其原因和结果之间一定存在某种我们已知或者未知的联系，这种联系就是事故的因果相关性。

（5）突变性。系统由安全状态转化为事故状态实际上是一种突变现象。与其他事物一样，事故的发生都经历一个由量变到质变的发展过程。但与大部分事物不同的是，事故的发生过程往往还存在着大量的突然变化和跃迁现象，常常令人措手不及。因此，制订事故预案，加强应急救援训练，提高作业人员的应激反应能力和应急救援水平，对于减少人员伤亡和财产损失尤为重要。

（6）潜伏性。事故的发生具有突变性，但在事故发生前大多存在着一个量变过程，亦即系统内部相关参数的渐变过程，所以事故具有潜伏性，事故隐患的存在就是这种特性的典型代表。事故的潜伏性往往会造成人们思想麻痹，从而与事故预防失之交臂，进而酿成重大恶性事故。找到这些相关参数，并采取合理措施对其加以控制或监测，就可以及时了解事故的发展过程，认清事故规律，消除事故隐患，实现事故预防，即所谓的事故预警。

（7）危害性。凡是事故，特别是伤亡事故，都会在一定程度上给个人、集体和社会带来损失或危害，乃至夺去人的生命，威胁企业的生存或影响到社会的稳定。

（8）可预防性。尽管事故的发生机理一般比较复杂，而且其存在着发生的必然性，但事故仍然具有可预防性。任何事故都具有因果相关性，故而我们可以通过诸多的科学技术手段找到这种特性。而且随着科学技术的不断发展，人类对事故的认知水平和控制能力逐步提高，进而认识到以往未知的事故特性，可采取相应的措施对其进行控制。充分认识事故的这一特性，可增强安全管理工作的信心。

2. 事故分类

从不同的角度，事故有不同的分类方法：

（1）根据人员受到伤害的严重程度和伤害后的恢复情况，可将事故分为四类：

① 暂时性失能伤害事故：受伤害者或中毒者暂时不能从事原岗位工作，经过一段时间的治疗或休息，可以恢复工作能力的伤害事故。

② 永久性部分失能伤害事故：导致受伤害者或中毒者肢体或某些器官的功能发生不可逆的丧失的伤害事故。

③ 永久性全失能伤害事故：使受伤害者或中毒者完全残废的伤害事故。

④ 死亡事故。

（2）根据《安全生产事故报告和调查处理条例》，按照造成的人员伤亡或直接经济损失，将事故分为以下四级：

① 特别重大事故（简称特大事故）：造成30人以上死亡，或者100人以上重伤（包括急性工业中毒，下同），或者1亿元以上直接经济损失的事故。

② 重大事故：造成10人以上、30人以下死亡，或者50人以上、100人以下重伤，或者5 000万元以上、1亿元以下直接经济损失的事故。

③ 较大事故：造成3人以上、10人以下死亡，或者10人以上、50人以下重伤，或者1 000万元以上、5 000万元以下直接经济损失的事故。

④ 一般事故：造成3人以下死亡，或者10人以下重伤，或者1 000万元以下直接经济损失的事故。

（3）根据《企业职工伤亡事故分类》（GB 6441—1986），按照致害原因，将事故分为20类，如表7-1所示。

表7-1 事故分类表

序号	事故类别	备注
1	物体打击	指落物、滚石、摔击、碎裂、崩块、砸伤，不包括爆炸引起的物体打击
2	车辆伤害	包括挤、压、撞、颠覆等
3	机械伤害	包括铰、碾、割、戳
4	起重伤害	各种起重作业引起的伤害
5	触电	电流流过人体或人与带电体间发生放电引起的伤害，包括雷击
6	淹溺	各种作业中落水及非矿山透水引起的溺水伤害
7	灼烫	火焰烧伤、高温物体烫伤、化学物质灼伤、射线引起的皮肤损伤等，不包括电烧伤及火灾事故引起的烧伤
8	火灾	造成人员伤亡的企业火灾事故
9	高处坠落	包括由高处落地和由平地落入地坑
10	坍塌	建筑物、构筑物、堆置物倒塌及土石塌方引起的事故，不适用于矿山冒顶、片帮及爆炸、爆破引起的坍塌事故

续表

序号	事故类别	备注
11	冒顶片帮	指矿山开采、掘进及其他坑道作业发生的顶板冒落、侧壁垮塌
12	透水	适用于矿山开采及其他坑道作业时因涌水造成的伤害
13	爆破	由爆破作业引起,包括由爆破作业引起的中毒
14	火药爆炸	生产、运输和储运过程中的意外爆炸
15	瓦斯爆炸	包括瓦斯、煤尘与空气混合形成的混合物的爆炸
16	锅炉爆炸	适用于工作压力在 0.07 MPa 以上,以水为介质的蒸汽锅炉的爆炸
17	压力容器爆炸	包括物理爆炸和化学爆炸
18	其他爆炸	可燃性气体、蒸汽、粉尘等与空气混合形成的爆炸性混合物的爆炸;炉膛、钢水包、亚麻粉尘的爆炸
19	中毒和窒息	职业性毒物进入人体引起的急性中毒、缺氧窒息性伤害
20	其他伤害	上述范围之外的伤害事故,如冻伤、扭伤、摔伤、野兽咬伤

3. 事故统计

事故统计是指运用统计学原理对安全生产诸方面的数量进行统计、分析和研究,从数量方面反映安全生产状况。

统计的范围和对象是企业职工在生产工作过程中所发生的同生产工作有关的人身伤亡事故,或因设备不安全而引起的人身伤亡事故。伤亡事故统计的目的是通过调查分析伤亡事故统计资料,全面、及时、准确地掌握伤亡事故的起数、人数、损失及原因,为领导机关了解安全生产情况,制定安全生产工作方针、政策,研究改善职工劳动条件提供可靠的数据资料。

常用的伤亡事故统计方法主要有柱状图、趋势图、排列图、分布图等,和质量管理中的用法相似。

例如,根据员工身体伤害部位统计的数据可作出柱状图(图 7-3)。

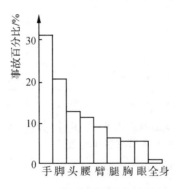

图 7-3 伤害部位分布柱状图

从图 7-3 中可以看出,手和脚是主要受伤害部位,应重点采取安全防护措施。

又如,根据伤亡原因统计的数据可作出排列图(图 7-4)。

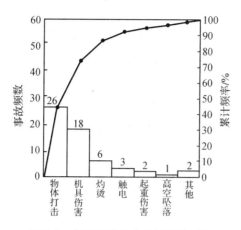

图 7-4 伤亡事故发生次数的排列图

从图 7-4 中可以看出，物体打击和机具伤害是造成员工伤亡的主要形式，应从物的不安全状态方面重点采取改进措施。

为加强对基层伤亡事故的掌握，企业主管部门、当地安全主管部门及工会等组织会要求企业填写"企业职工伤亡事故月报表"，在报表中会用到以下几种数据：

千人死亡率：表示某时期内，平均每千名职工中因工伤事故造成的死亡人数。其计算公式如下：

$$千人死亡率 = 死亡人数/平均职工人数 \times 1\,000$$

千人重伤率：表示某时间内，平均每千名职工因工伤事故造成的重伤人数。其计算公式如下：

$$千人重伤率 = 重伤人数/平均职工人数 \times 1\,000$$

工伤事故严重率：表示某时期内，每人次受伤害的平均损失工作日数。其计算公式如下：

$$工伤事故严重率 = 总损失工作日/伤害人次$$

工伤事故频率：表示某时期内，平均每千名职工中发生事故的次数。其计算公式如下：

$$工伤事故频率 = 事故次数/平均职工人数 \times 1\,000$$

百万吨死亡率：表示每生产一百万吨物质（如煤、钢）的平均死亡人数。其计算公式如下：

$$百万吨死亡率 = 死亡人数/实际产量（吨）\times 1\,000\,000$$

4. 事故调查

事故调查是指在事故发生后，为获取有关事故发生原因的全面资料，找出事故的根本原因，防止类似事故的发生而进行的调查。

（1）事故调查的目的。

事故调查的目的是防止事故的再发生。也就是说，根据事故调查的结果，提出整改措施，控制事故或消除此类事故。

对于重大、特大事故，包括死亡事故甚至重伤事故，事故调查还可在满足法律要求的前提下提供违反有关安全法规的资料，有助于司法机关正确执法。

通过事故调查，还可以描述事故的发生过程，鉴别事故的直接原因与间接原因，从而积累事故资料，为事故的统计分析及类似系统、产品的设计与管理提供信息，为企业或政府有关部门做出安全工作的宏观决策提供依据。

（2）事故调查的对象。

由于事故的多发、易变性，不可能对所有的事故都展开调查，一般针对以下五种事故进行调查：重大事故、未遂事故或无伤害事故、伤害轻微但发生频繁的事故、可能因管理缺陷引发的事故、高危险工作环境事故。

（3）事故调查准备。

首先，要制订事故调查计划。其次，成立事故调查组，调查组成员应根据事故严重程度不同而有所不同。

① 轻伤、重伤事故：由企业负责人或其指定人员组织生产、技术、安全等有关人员及工会成员参加的事故调查组进行调查。

② 死亡事故：由企业主管部门会同企业所在地设区的市（或者相当于设区的市一级）劳动部门、公安部门、工会组成事故调查组进行调查。

③ 重大死亡事故：按照企业的隶属关系由省、自治区、直辖市企业主管部门或者国务院有关主管部门会同同级的劳动部门、公安部门、监察部门、工会组成事故调查组进行调查。

④ 特别重大事故：调查组的组成方式原则上与重大事故相同。但涉及军民两个方面的特大事故，组织事故调查的单位应当邀请军队派人员参加事故的调查工作。国务院认为应当由国务院调查的特大事故，由国务院或者国务院授权的部门组织成立特大事故调查组。

参与重大或特大事故调查的人员应具有事故调查所需要的某一方面的专长，还要与所发生事故没有直接利害关系。

（4）事故调查实施。

调查人员安全抵达现场后，应首先对现场危险进行初步分析，并及时展开现场营救，同时防止进一步危害发生，并尽可能保护现场。

事故现场勘查采用 4P 技术［人（People）、部件（Part）、位置（Position）和文件（Paper），且表述这四个方面的英文单词均以字母 P 开头，故称之为 4P 技术］，勘查工作的关键是信息的收集和处理。

（5）事故调查报告。

事故调查组应当自事故发生之日起 60 日内提交事故调查报告。

事故调查报告应当包括下列内容：

① 事故发生单位概况。

② 事故发生经过和事故救援情况。

③ 事故造成的人员伤亡和直接经济损失。

④ 事故发生的原因和事故性质。
⑤ 事故责任的认定及对事故责任者的处理建议。
⑥ 事故防范和整改措施。

事故调查报告应当附具有关证据材料。事故调查组成员应当在事故调查报告上签名。

5. 事故处理

在事故调查清楚形成报告后，为避免类似事故再次发生，应坚持"四不放过"原则，其具体内容是：

（1）事故原因未查清不放过。在调查处理伤亡事故时，首先要把事故原因分析清楚，找出导致事故发生的真正原因，不能敷衍了事，不能在尚未找到事故主要原因时就轻易下结论，也不能把次要原因当成真正原因。未找到真正原因决不轻易放过，直至找到事故发生的真正原因，并搞清各因素之间的因果关系，才算达到事故原因分析的目的。

（2）责任人员未处理不放过。这是安全事故责任追究制的具体体现。对事故责任者要严格按照安全事故责任追究规定和有关法律、法规进行严肃处理。

（3）有关人员未受到教育不放过。在调查处理工伤事故时，不能认为原因分析清楚了，有关人员也处理了，就算完成任务了，还必须使事故责任者和广大群众了解事故发生的原因及所造成的危害，并深刻认识到搞好安全生产的重要性，使大家从事故中吸取教训，在今后工作中更加重视安全工作。

（4）整改措施未落实不放过。针对事故发生的原因，在对安全生产工伤事故进行严肃认真的调查处理的同时，还必须提出防止相同或类似事故发生的切实可行的预防措施，并督促事故发生单位加以实施。

只有这样，才算达到了事故调查和处理的最终目的。

思考题

1. 什么叫安全？什么叫安全管理？
2. 安全管理有何意义和作用？
3. 安全管理的基本原则有哪些？
4. 什么是三级安全教育？
5. 安全教育的形式和方法有哪些？
6. 什么叫事故？什么叫事件？
7. 什么叫危险源？
8. 什么叫环境因素？
9. 事故处理的"四不放过"原则是什么？

模块八

车间成本管理

【主要能力指标】

掌握降低直接材料成本的方法。

掌握降低辅助成本的方法。

掌握降低人工成本的方法。

了解会计、费用与损失间的关系。

【相关能力指标】

能够对一个决策做简单的价值判断。

一、概述

成本贯穿于企业运营的始终,对企业的影响是巨大的。企业的目的就是营利,利润 = 收入 – 成本。可见,企业要想提升自己的利润,一方面要想方设法增加收入,另一方面要千方百计控制成本。

全球制造中心经历了三次大转移:从欧洲到美国,从美国到日本,从日本到中国。三次大转移的根本原因是成本竞争。低劳动力一直是中国过去20多年经济发展比较优势之一。

要使国内企业在全球市场竞争中获得持久发展,必须构建差异化、低成本和快速应变三大竞争优势(图8-1)。而在此三大竞争优势中,低成本是基础优势,是差异化和快速应变的保障。

图8-1 企业的三大竞争优势

1. 差异化

差异化是指通过把握客户的个性化需求,向客户提供有别于竞争对手的产品和特性服务。客户发现该产品和服务的特性更具吸引力,进而愿意支付一个额外的价格。

企业的差异化优势主要是通过营销和设计部门创造,以及生产和其他职能部门支持来实现的。

2. 低成本

低成本的含义是"成本领先",即企业通过低成本能力以比竞争对手更低的价格获得客户的选择,同时确保产品合适的利润。低成本是一种能力,通过有效的管理降低成本,把客户的负担降到最低程度,从而提高产品的性价比。

3. 快速应变

快速应变是指在客户所需要的时间内向客户提供所需型号和数量的产品。

快速发现客户需求、组织资源快速满足客户需求,其优越性在于能比竞争对手更快地为客户提供所需的产品和服务。

为此,企业应提高整个运作系统的柔性,快速应对市场需求和客户要求的变化,提高抓住市场机会的能力。

二、成本控制

(一) 概念

1. 成本

人们要进行生产经营活动或达到一定的目的,就必须耗费一定的资源(人力、物力和财力),其所费资源的货币表现及其对象化称为成本。

在市场经济条件下,"没有完全免费的午餐",做什么事情,都必须有所耗费。换句话说,成本是市场交易的结果,是"为了得到自己所需要的有价值东西而放弃的自己所拥有的有价值的东西"。理解成本概念,需要注意两个要点:

(1) 从计算盈亏的角度看,不同的主体使用不同的成本概念。其中,主体是指耗费或放弃经济资源的个人或组织。例如,一家正规的公司,其厂场和设备必须计提折旧,然后作为成本的组成部分去抵减收入,计算盈亏;而我国合伙企业的合伙人日常并不领取工资,工资当然也不计入成本,而是包含在年终分红中;更有甚者,大街上卖冰棍儿的老太太每天收摊儿后计算盈亏时,通常既不对运载冰棍儿的手推车计提折旧,也不计算自己的工资。主体的多样化必然导致成本概念的多样化。

(2) 从管理的角度看,不同目的需要不同的成本概念。为了控制成本,必须有标准(计划或目标)成本和实际成本;为了进行决策,必须有相关成本、沉入成本、不可避免成本和机会成本等。

2. 利润

所谓利润,是指企业在一定期间生产经营活动的成果,即收入与费用相抵后的差额。

日本"经营之神"松下幸之助说:"利润是社会对企业贡献的回报。"企业存在的直接目的就是获取利润,它是反映经营成果的最终要素。

利润 = 销售额 − 总成本 = 销售数量 ×(销售价格 − 单位成本)

$$P = Q \times (P' - C)$$

其中,P 代表利润(Profits),Q 代表销售数量(Quantity),P′代表销售价格(Price),C 代表单位成本(Cost)。

显然,要获取一定的利润,必然要有合适的价格、一定的销售数量和有竞争力的成本。由于成本对销售价格、销售数量有影响,同时又受数量、质量、交货期、生产效率、安全及职业卫生等的影响,因此,成本控制成为提高利润的重点。

(二)成本构成分析

1. 利润表

降低成本是提高利润的重要手段。为此,管理者一定要了解企业重要财务报表之一——利润表。

利润表是反映企业在一定期间内生产经营成果的会计报表,它把一定期间的营业收入与在此期间相关的营业费用进行对比,以计算出企业实际的净利润(或净亏损)。

2. 本-量-利图和盈亏平衡点

制造企业是通过销售产品来获取利润的,本-量-利图是描述成本、销售量和利润三者之间关系的一种图表(图 8-2)。由于该图主要反映了盈亏平衡点的销售收入、销售量和成本,所以通常也称为盈亏平衡点图。

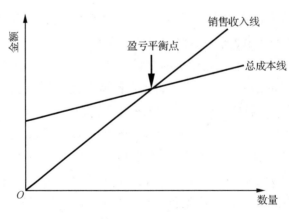

图 8-2 本-量-利图

图 8-2 中存在如下关系:

销售收入 = 价格 × 销售量

总成本 =(单位变动成本 × 销售量)+ 固定成本 = 变动成本 + 固定成本

(1)固定成本。

固定成本也叫固定费用,是相对变动成本而言的,指产品产量在一定幅度内变动时,并不随之增减变动而保持相对稳定的那部分成本,如管理人员的工资、固定资产折旧和修理费、办公费等。

固定成本是相对固定的,当产量超过一定幅度时,固定成本会有所增减。

(2)变动成本。

变动成本又称变动费用,是相对固定成本而言的,指随着产品产量变动而成正比例变动的那部分成本,如构成产品的原材料、生产工艺所必需的辅助材料、计件工资等。

变动成本就其总额来讲是变动的,但从单位产品来看又是固定的,即不受产量的变化而增减。

(3)盈亏平衡点。

盈亏平衡点又称零利润点、保本点、收益转折点,是指企业经营处于不盈不亏状态所必须达到的业务量,即图8-2中销售收入线和总成本线的交点。盈亏平衡点相对应的纵、横两轴的数值就是达到盈亏平衡点的销售额和销售量。

3. 产品成本分析

从利润表中可看出,企业总成本包括变动成本和固定成本,而变动成本又包括直接材料费、销售费、变动人工费等,固定成本又包括人工费、折旧费、辅助材料费、修理费、管理费等。

4. 成本管理循环

企业要使自己的产品有竞争力,就要在成本控制上下功夫,即通过市场竞争分析设定合理的、有竞争优势的成本控制目标,再围绕这一目标挖掘降低成本空间、确定的降低成本项目,进而推进降低成本活动,最终实现成本控制目标,创造合理的利润。

成本管理循环(图8-3)是根据这一原理,通过制定标准成本和目标成本,将实际成本与之相比较,找出差距,分析原因,推动降低成本改善。

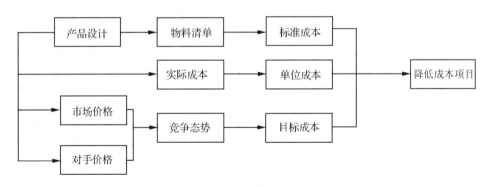

图8-3 成本管理循环

三、直接材料成本控制

直接材料是指在最终产品上能直接看到的材料,是产品的直接组成部分。

直接材料成本是产品成本的主要构成部分。一般来讲,传统工业产品的直接材料成本占产品总成本的60%~80%。随着人类的发展,资源的稀缺性越来越突出;而随着社会的进步，人们对产品或服务的要求却越来越高。如何在减少资源消耗的情况下不断提高产品的质量和性能，降低产品价格，这既是企业生存和发展的重要课题，也是企业生存和发展的重要动力。

（一）直接材料成本的构成

直接材料成本由直接材料消耗量和直接材料采购价格决定。其中，直接材料消耗量又由净用量和额外损耗两部分组成。

1. 直接材料消耗量

（1）净用量。它是指构成产品实体的材料用量，是由产品的结构、形状、尺寸等决定的理论计算值。

（2）额外损耗。由于工艺特点、质量水平和管理水平的限制，产品生产过程中的材料消耗总是超过理论上的净用量，超过部分称为额外损耗，主要包括工艺损耗、质量损耗、物流损耗。

2. 直接材料采购价格

（1）材质。不同材质价格不同，使用什么样的材料直接决定了其采购成本。

（2）采购途径。不同的采购渠道采购价格也不同，市场透明度高的材料价格差别小，市场透明度低的材料价格差别大。

（3）材料供求状况。供大于求，价格会逐步降低；供不应求，价格就会居高不下。

（二）降低直接材料成本的途径

1. 减少直接材料消耗量

（1）减少净用量。净用量是由设计直接决定的，因此，优化设计可以从源头上减少产品的材料消耗。

（2）减少额外损耗。工艺性损耗无法根除，但可以通过工艺改进而使之最小化。通过加强标准化作业管理和现场质量改进，提高质量保证能力，可使质量成本最小化，大幅度降低质量损耗。加强物流管理，可有效控制物流损耗。

2. 降低采购价格

根据物料的利润潜力和供应风险，将企业采购的物料分为四类：常规类物料、瓶颈类物料、关键类物料、杠杆类物料。为了降低采购总成本，企业对不同物料采购应采取不同的策略。

（1）变更材质。在满足功能要求、保证质量和寿命的前提下，使用供应更充足、价格更便宜的材料来替代现有材料。

（2）价格交涉。在采购渠道不变的情况下，通过谈判要求供应商降价，可直接降低直接材料的采购成本。

（3）推进价值工程。价格交涉是有限度的，重要的是通过改进零部件设计，优化零部件生产、包装及运输工艺，从技术上挖掘，推进价值工程活动来降低成本。

（4）多家采购。

（5）预见性采购。

四、辅助材料成本控制

辅助材料简称辅材，是在产品生产过程中由于工艺和作业需要而使用的材料。辅助材料在最终产品上不能直接看到，不是产品的直接组成部分，却是产品制造成本的构成部分之一。

（一）辅助材料的分类

辅助材料包括工艺用化学品、工装夹具、低值易耗品、转运包装容器及材料、工量具、劳动保护用品和辅助用品等。

1. 工艺用化学品

由于工艺的需要而使用到的材料是最常见的辅助材料，如清洗工艺使用的清洗剂、气保焊用的二氧化碳和乙炔气等气体、切削加工用的冷却液等。

2. 工装夹具

工装、夹具、模具是生产中经常用到的重要材料，主要用于工件的定位、成型和加工。

3. 低值易耗品

刀具、砂轮、锯条等材料容易损耗，其价值又没有工装、夹具高。

4. 劳动保护用品

劳动保护用品包括口罩、手套、耳塞等，用于保护劳动者的人身安全和职业健康。

5. 工量具

工量具包括螺丝刀、扳手、钢卷尺、游标卡尺等。

6. 转运包装容器及材料

为了保护产品，在产品转运、运输过程中，往往需要将产品用专门的容器或方式进行盛装和标志，包装材料是主要的辅助材料之一，减少包装费用也是降低成本的一大要素。

辅助材料的种类多种多样，其成本占比也不相同，既要全面管理，也要重点管理。

（二）辅助材料成本管理的特点

和直接材料成本一样，辅助材料成本也是由消耗量和采购价格决定的：

$$辅助材料成本 = 辅助材料消耗量 \times 辅助材料采购价格$$

要降低辅助材料成本，可以从降低辅助材料消耗量和降低辅助材料采购价格两方面进行。

与直接材料成本不同的是，辅助材料具有通用性，属于固定成本，其消耗在大多数情况下与单位产品不是简单的一对一关系或线性关系。管理辅助材料成本不但要考虑直接消耗成本，还要考虑其使用寿命和其他相关成本，最终以综合单位成本进行采购决策。

1. 管理直接消耗成本

生产过程中的使用量乘以采购价格就是辅助材料的总费用，它是辅助材料成本的主体构成部分。

2. 管理使用寿命

所谓使用寿命，是指物品正常工作的无故障工作时间。对于辅助材料来说，其使用寿命一般是指从开始使用到报废（或不能正常使用）时所加工的产品数量。

3. 管理综合单位成本

由于辅助材料的使用还可能涉及安装时间、调整时间、故障时间、维护成本和质量成本等，所以，只有综合直接消耗成本、使用寿命和其他相关成本后进行辅助材料的综合单位成本管理，在选择辅助材料的种类、型号和供应渠道时才能做出科学决策。

4. 精细化管理成为必然

要降低辅助材料成本，必然要将管理的触角延伸到各种具体的辅助材料项目，对其进行单位成本管理，先管细再管精。

5. 全员参与

一线员工是直接材料和辅助材料的使用者，他们最了解其使用性能、操作方法、消耗状况，所以，降低辅助材料成本一定要全员参与。

（三）降低辅助材料成本的途径

要降低辅助材料成本，应在降低消耗量和降低采购价格上下功夫。

辅助材料成本不仅与材料本身的成本有直接关系，而且还会发生使用成本，其单位产品成本还与辅助材料的使用寿命直接相关。

1. 材质变更

以满足功能为前提，以降低单位成本为目标，用便宜材料替代昂贵材料，是降低辅助材料成本的突破性方法。

2. 工艺改善

绝大部分辅助材料的消耗都与生产工艺密切相关，甚至直接由工艺决定，因此，工艺的技术革新、方法完善、条件优化和精细化管理，是降低辅助材料成本的重要途径。

3. 设备改善

设备是生产加工的关键硬件，在大多数情况下设备的通用性较明显，按形式、结构对具体产品的加工要求并不一定是最合理的，这就在很大程度上决定了加工过程中的辅助材料消耗可能会出现浪费的情形。因此，针对现有工序的实际要求对设备进行改善，也是降低辅助材料成本的另一种途径。

4. 循环使用

循环使用也是降低成本的重要方法之一，其实质是延长物品的使用寿命。

五、人工成本控制

人力是企业投入的重要生产要素，人力投入的实质是人工投入，人工投入必然产生人工成本。显然，投入的人工越少，产出的有效产品越多，则人工成本越低。

（一）人工成本的构成

人工费用是企业向员工支付报酬和福利的总称，是总额的概念。而人工成本则是人工费用折算到单位产品所发生的费用水平。了解上述概念及结构，才能找到降低人工成本的有效途径。

1. 人工成本的衡量

在成本管理中，人工成本是以单位产品的人工费用进行衡量的，即每生产一个单位产品耗费的与人工直接相关的费用是多少，包括员工的工资、保险、福利等。

2. 区分人工工资与人工成本

人工工资以员工为衡量对象，即员工获利的劳动收入。人工成本以单位产品为衡量对象，即单位产品耗费的平均人工费用。

一般来说，人们提到降低人工成本就会直觉认为员工工资会降低，实则不然，人工成本降低并不意味着员工工资就一定降低。人工工资与人工成本的区别在于生产效率。

3. 人工成本的构成

衡量人工的基本单位是人工工时。一个员工在企业工作一小时即是一个人工工时。

决定单位产品人工成本的因素有两个：一是单位产品人工工时的消耗，二是单位人工工时的费用标准。用公式表示如下：

单位产品人工成本 = 单位产品人工消耗 × 单位人工工时费用

（二）人工成本与生产效率

根据人工成本构成分析，要降低产品的单位人工成本，一是要降低单位产品人工消耗，二是要降低单位人工工时费用。

由于单位人工工时费用呈必然上升的趋势，要降低单位产品人工成本，必然要降低单位产品人工消耗，即提高生产效率。

（三）人工费用的控制

企业的人力投入包括直接人工和间接人工，因而企业产生的人工费用也是由直接人工费用和间接人工费用组成的。直接人工是指直接参与生产的一线人员的人工投入。间接人工是指不直接参与生产，为辅助生产而配备的人工投入，如管理者。

1. 间接人工费用的控制

相对而言，间接人工费用基本固定，与生产产量相关性不强。因此，企业要控制人工费用，一方面，要通过科学的岗位分析，合理设置直接岗位（生产岗位）和间接岗位（非生产岗位），通过定岗定员使每个岗位的员工都能满负荷工作，最大限度发挥人力资源效益；另一方面，也要从宏观规划的角度合理优化直接人工和间接人工的比例。

2. 直接人工费用的控制与少人化

每个企业自始至终考虑的是要用尽量少的人力来生产更多的产品。相对而言，直接人工费用虽然不与生产产量成正比，但其与生产产量有较强的相关性。"少人化"是通过改进设备和工序作业,用最少的员工生产市场所需要数量的产品。

3. 季节性生产的应对之道

对于季节性非常强的生产型企业,除了采用上述对策外,还可考虑生产互补性的产品,从而实现均衡化生产。

六、价值工程基础

价值工程(Value Engineering,VE)也称价值分析(Value Analysis,VA),是指以产品或作业的功能分析为核心,以提高产品或作业的价值为目的,力求以最低寿命周期成本实现产品或作业使用所要求的必要功能的一项有组织的创造性活动,也可称其为功能成本分析。

价值工程涉及价值、功能和寿命周期成本三个基本要素。价值工程是一门工程技术理论,其基本思想是以最少的费用换取所需要的功能。这门学科以提高工业企业的经济效益为主要目标,以促进老产品的改进和新产品的开发为核心内容。

(一)基本概念

1. 功能(F)

价值工程认为,功能对于不同的对象有着不同的含义:对于物品来说,功能就是它的用途或效用;对于作业或方法来说,功能就是它所起的作用或要达到的目的;对于人来说,功能就是他应该完成的任务;对于企业来说,功能就是它应为社会提供的产品和效用。总之,功能是对象满足某种需求的一种属性。

(1)功能的分类。

根据功能的不同特性,可以将功能分为以下几类:

① 使用功能与美观功能。使用功能从功能的内涵上反映其使用属性,是一种动态功能;美观功能是从产品外观反映功能的艺术属性,是一种静态的外观功能。

② 基本功能与辅助功能。基本功能是产品的主要功能,对实现产品的使用目的起着最主要和必不可少的作用;辅助功能是次要功能,是为了实现基本功能而附加的功能。

③ 必要功能与不必要功能。必要功能是用户要求的功能,使用功能、美观功能、基本功能、辅助功能等均为必要功能;不必要功能是不符合用户要求的功能,又包括三类,即多余功能、重复功能、过剩功能。

④ 过剩功能与不足功能。过剩功能是指某些功能虽属必要,但满足需要有余,在数量上超过了用户要求或标准功能水平;不足功能是相对过剩功能而言的,表现为产品整体功能或零部件功能水平在数量上低于标准功能水平,不能完全满足用户需要。

(2)功能定义的方法。

功能定义一般用一个动词和一个名词表达,其中,动词要尽量用抽象的词汇,名词要尽量用可测定的词汇。

举例:以铁皮外壳的暖水瓶为例,说明功能定义的方法,如表8-1所示。

表 8-1 暖水瓶功能定义表

产品及零部件名称	功能定义
暖水瓶	保持温度
瓶胆	减少热传导，减少热辐射
瓶外盖	保持清洁
瓶塞	减少对流
瓶外壳	支持瓶胆，保护瓶胆，固定瓶胆，增加美观度
瓶嘴	方便使用
底托	支持瓶胆，保护瓶胆，固定瓶胆，增加美观度
把手	方便使用，增加美观度

（3）功能整理。

所谓功能整理，就是对定义出的产品及其零部件的功能，从系统的思想出发，明确功能之间的逻辑关系，排列出功能系统图。功能整理的目的在于通过对功能的定性分析，明确必要功能和不必要功能，并为功能价值的定量评价做好准备。

功能整理的主要任务是建立功能系统图，如图 8-4 所示。一般分三步走，第一步编制功能卡片；第二步选出基本功能；第三步明确各功能之间的关系。

图 8-4 功能系统图的一般形式

例如，如图 8-5 所示是建筑物的平屋顶功能系统图。

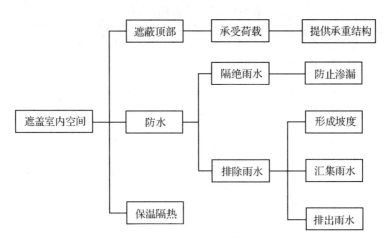

图 8-5　平屋顶功能系统图

2．成本（C）

价值工程中所谓的成本是指人力、物力和财力资源的耗费。其中，人力资源实际上就是劳动价值的表现形式，物力和财力资源就是使用价值的表现形式，因此，价值工程中所谓的成本实际上就是价值资源（劳动价值或使用价值）的投入量。它是体现在研究对象的全寿命周期内的投入，因此，又称为全寿命周期成本。例如，对一款产品来说，成本指产品设计制造及使用全过程中的总耗费，包括制造成本和使用成本两部分。

3．价值（V）

价值工程中所说的价值有其特定的含义，与哲学、政治经济学、经济学等学科中价值的概念有所不同。

价值工程中的价值就是一种评价事物有益程度的尺度。

价值高，说明该事物的有益程度高、效益大、好处多；价值低，则说明其有益程度低、效益差、好处少。

例如，人们在购买商品时，总是希望物美而价廉，即花费最少的代价换取最多、最好的商品。

价值工程把价值定义为"对象所具有的功能与获得该功能的全部费用之比"，即

$$价值（V）= 功能（F）/成本（C）$$

还可写成：

$$价值 = 顾客所要求的必要功能/产品寿命周期成本$$

4．价值工程（VE）

价值工程是以最低的寿命周期成本，可靠地实现产品的必要功能，着重于功能分析的有组织的创造性活动。这一定义概括表达了价值工程的目的、核心和性质。价值工程的目的是以最低的寿命周期成本可靠地实现必要功能；价值工程的核心是功能分析；价值工程的性质是有组织的创造性活动。

5. 提高价值的途径

从"价值＝功能/成本"的公式可看出，若想提高价值，可以有以下五种方法：

（1）在提高产品功能的同时，降低产品成本。这样，可使价值大幅度提高，是最理想的提高价值的途径。

（2）提高功能，同时保持成本不变。

（3）在功能不变的情况下降低成本。

（4）成本稍有增加，同时功能大幅度提高。

（5）功能稍有下降，同时成本大幅度降低。

不论通过哪种途径，价值工程都能有效帮助企业降低成本。有效运用价值工程技术全面推进降低成本活动，使产品寿命周期成本最低，已成为企业提高成本控制能力必不可少的途径。

（二）价值工程的开展

综观世界优秀企业的成功之道，低成本能力都是其重要经验之一，要形成可持续的低成本竞争优势，全面、系统地运用价值工程技术，大力开展降低成本活动是必不可少的途径。

1. 价值工程应用的领域

价值工程应用的领域包括：对材料和代用品的选择和分析，对现有产品生产工艺的分析，对现有产品改进方案的分析，对新产品设计方案的分析，对新技术开发的分析，对节约能源及消除污染的分析，对企业经营管理的分析，对人事管理制度的改进分析，等等。总之，凡是有功能要求和需要付出代价的一切场合，都可以开展价值工程活动。

2. 推行价值工程的原则

推行价值工程要遵循五个原则，它们之间的关系如图 8-6 所示。

图 8-6　推行价值工程的五个原则

（1）使用者优先原则。对于产品的看法，生产者有生产者的角度，使用者（客户）有使用者的角度。而企业应以客户为关注焦点，站在客户的角度考虑问题，否则，生产出来的产品不符合客户需求，生产也就失去了意义。

（2）以功能为中心原则。客户购买产品不是单纯为购买而购买，而是因为这种产品具备一定的功能，这种功能恰恰是客户所需要的。所以，企业在把握客户需求设计产品时，一定要将功能作为考虑的中心，产品及其结构只是服务于功能的实现，即功能要优先于结构。

(3) 提高价值原则。价值工程的目的是更好地满足客户，提高价值。

(4) 通过创造达到变更原则。一种功能可以通过很多种途径或方式来实现，不要满足于现状，要充分利用内部专家和外部专家的力量，想办法找出自己还不知道的更好方法，通过创造改变现状，变更方案，提高价值。

(5) 跨部门作战原则。任何一个价值工程项目都需要各个职能部门的配合，需要销售、技术、采购、生产、工艺、质量、成本等部门的集思广益、共同参与。

价值工程是一项技术含量和管理含量都很高的活动，只有遵循上述五个基本原则，才能确保活动的正确方向，避免出现偏差。

3．价值工程的工作程序

价值工程的工作程序如表8-2所示。

表8-2 价值工程的工作程序

工作阶段	设计程序	工作步骤		价值工程提问
		基本步骤	详细步骤	
准备阶段	制订工作计划	确定目标	① 工作对象选择	① 对象是什么？
			② 信息资料搜集	
分析阶段	功能评价	功能分析	③ 功能定义	② 它是干什么用的？
			④ 功能整理	
		功能评价	⑤ 功能成本分析	③ 它的成本是多少？
			⑥ 功能评价	④ 它的价值是多少？
			⑦ 确定改进范围	
创新阶段	初步设计	制订创新方案	⑧ 方案创造	⑤ 有无其他方案实现同样功能？
	评价各设计方案，改进、优化方案		⑨ 概略评价	
			⑩ 调整完善	⑥ 新方案的成本是多少？
			⑪ 详细评价	
	方案书面化		⑫ 提出方案	⑦ 新方案能满足要求吗？
实施阶段	检查实施情况并评价活动成果	方案实施与成果评价	⑬ 方案审批	
			⑭ 方案实施与检查	⑧ 偏离目标了吗？
			⑮ 成果评价	

(1) 准备阶段。

选好了价值工程的对象，准备阶段的任务就完成了一半。选择对象时应注意以下几方面：

从设计方面看，选择产品结构复杂、性能和技术指标差、体积和重量大的。

从生产方面看，选择量大面广、工序复杂、原材料和能源消耗高、质量难于保证的。

从市场方面看,选择用户意见多、退货索赔多和竞争力差的。

从成本方面看,选择成本高或成本比重大的。

(2)分析阶段。

这一阶段的主要工作是功能定义、功能整理和功能评价。

功能定义要回答的是"它是干什么用的?"这一问题,要对功能给予科学的定义。

功能整理的目的是确切地定义功能,正确地划分功能类别,科学地确定功能系统,发现和指出不必要的功能、不正确的功能或可以简化的功能。

功能评价要回答的是"它的成本是多少?它的价值是多少?"这两个问题,目的是寻求功能最低的成本。它是用量化手段来描述功能的重要程度和价值,以明确实施价值工程的目标、重点和大致的经济效果。

(3)创新阶段。

这一阶段是最有挑战性的。为了改进产品,就必须提出改进方案,提出实现某一功能的各种各样的设想,形成若干在技术上和经济上比较完善的方案。要回答的是"有无其他方案实现同样功能?新方案的成本是多少?新方案能满足要求吗?"这些问题。

在新方案的初步设计阶段,要敢于打破条框,不受现有设计的束缚。可以采用头脑风暴法,集思广益,让不同岗位、不同专业的员工共同参与,互相启发。

(4)实施阶段。

上一阶段选定的方案经过审批后,开始实施并检查及评价。在这一系列过程中,要确保按批准的方案去实施,并以批准的方案为标准进行检查和评价。

这一阶段要随时想着"偏离目标了吗?"这一问题,以确保随时发现问题、解决问题,使其更加完善并能顺利进行。

思考题

1. 如何理解企业竞争的差异化、低成本和快速应变策略?
2. 什么是成本?
3. 如何提高利润?
4. 什么是直接材料成本?如何控制?
5. 什么是辅助材料成本?如何控制?
6. 什么是人工成本?如何控制?
7. 什么是价值工程?价值工程中价值的含义是什么?提高价值有哪些途径?
8. 什么是寿命周期和寿命周期成本费用?价值工程中为什么要考虑寿命周期成本费用?
9. 价值功能的特点是什么?
10. ABC分析法和强制确定法选择分析对象的基本思路和步骤是什么?

11．什么是功能？功能如何分类？什么是功能定义？怎样进行功能定义？

12．什么是功能整理？怎样绘制功能系统图？将你熟悉的某种生活日用品及其组成部分进行功能分析，并绘出功能系统图。

13．什么是功能评价？常用的功能评价有哪几种？其基本思想和特点是什么？怎样根据功能评价结果选择价值工程的改进对象？

14．某厂现在经营状况：销售收入为10 000万元，总成本为9 000万元，其中变动成本为5 000万元，固定成本为4 000万元，利润为1 000万元。当前因设备生产率低而满足不了生产需要，有一新设备可提高产销量36.5%，变动成本降低5%，固定成本增加50%，是否要更新旧设备？

模块九 车间员工绩效管理

学习目标

【主要能力指标】

掌握绩效的定义。

熟悉影响绩效的因素。

掌握绩效评价。

了解绩效计划。

【相关能力指标】

能够为自己做个年度绩效计划。

能够分析一个失败的沟通的原因。

一、绩效和绩效管理

如何有效地调动员工的积极性和创造力,持续提高工作业绩,是任何一个管理者必须充分思考的问题。因此,绩效管理并不是一个新鲜的概念。

（一）什么是绩效

绩效是指那些经过评价的工作作为、工作方式及工作结果。可见,绩效包括工作行为、工作方式及工作结果。另外,绩效还必须是经过评价的工作行为、工作方式及工作结果。

从绩效的定义可看出,我们在理解时应注意以下三点:绩效是一个过程的概念,它与评价的过程相联系;研究绩效问题必须考虑时间因素;绩效反映在工作行为、工作方式和工作结果三个方面。

（二）绩效的性质

1. 多因性

多因性是指一个员工绩效的优劣取决于主、客观等多种因素。同时,在不同情况下,各类因素对绩效的影响作用各不相同。

2. 多维性

多维性是指评价员工绩效时需要从多个方面去分析与评价。例如，在考查一名操作工的绩效时，不仅要看产量指标完成情况，还要综合考虑产品的质量、原材料的消耗，以及该工人的出勤情况、团队意识、服从意识、纪律意识等，通过综合评价各种硬、软指标，得出最终的评价结论。

3. 动态性

动态性是指员工的绩效会随着时间的推移而发生变化。因此，绩效评价和绩效管理存在一个周期的问题。员工的绩效不是一成不变的，存在着长期性和持久性。

(三) 影响绩效的主要因素

1. 技能

技能是指员工的工作技巧与能力水平。一般来说，影响员工技能的因素有天赋、智力、经历、教育、培训等。员工的技能不是一成不变的。

2. 激励

激励是通过改变员工的工作积极性来发挥作用的。为了使激励手段能够真正发挥作用，应根据员工个人的需要，选择适当的激励手段和方式。

3. 环境

影响工作绩效的环境因素可分为企业内部的环境因素和企业外部的环境因素。

企业内部的环境因素一般包括劳动场所的物理条件，工作任务的性质，工具、设备、原材料的供应，工资福利水平，培训机会，企业文化等。

企业外部的环境因素一般有社会政治、经济状况及市场的竞争强度等。

不论是企业内部还是外部的环境因素，都会通过影响员工的工作能力和工作态度而影响员工的工作绩效。

4. 机会

机会指的是一种偶然性。对任何一名员工来说，被分配到什么样的工作往往在客观必然性之外还带有一定的偶然性。

与上面三种影响因素相比，机会是一种偶然因素，但是这种偶然性是相对的。一个好的管理者应善于为员工创造这样的机会。因此，机会也是可以把握的。

(四) 绩效管理

绩效管理是指管理者用来确保员工的工作活动和工作产出与企业的目标保持一致的手段及过程。绩效管理是通过识别、衡量和传达有关员工工作绩效水平的信息，从而使企业的目标得以实现的一种逐步定位的方法。

绩效管理是防止员工绩效不佳和提高工作绩效的有力工具，这是绩效管理最核心的目的。绩效管理的各个环节都是围绕这个目的进行的。

绩效管理还特别强调沟通辅导及员工能力的提高。同时，绩效管理是一个过程，是一个包括若干环节的系统。

（五）绩效管理的作用

总体上说，绩效管理可以满足员工心理上的一种高层次成就感的需要和完成任务后所需的认可感。绩效管理还可让员工总结经验，明确今后工作的目标和努力方向。绩效管理能让员工对个人职业生涯发展方向有所了解，让员工增强企业归属感，还能让员工找出工作上和能力上的差距，持续改进工作，提升能力。

（1）绩效管理在企业人力资源管理方面起到了非常重要的作用，主要体现在以下几方面：

① 对员工进行甄别与区分，使优秀员工脱颖而出。

② 将合适的员工放到合适的岗位上。

③ 正确制定人力资源规划和薪酬规划。

④ 为员工晋升、降职、调任、加薪提供依据。

⑤ 针对个人优缺点，正确制订员工发展培训计划。

⑥ 合理进行人员调整，淘汰不适合的员工。

⑦ 促使员工目标与企业目标一致。

（2）绩效管理对员工个人意义非常重大，主要体现在以下几方面：

① 加深了解自己的职责和目标。

② 了解目前工作的绩效状况，改善未来的工作计划。

③ 参与绩效目标的制定，明确自己的职业发展方向。

④ 找出差距，明确今后的努力方向。

⑤ 自己的绩效和能力可获得主管的肯定，心理上的成就感得到满足。

⑥ 与部门经理沟通，获得说明困难和解释误会的机会。

⑦ 发现自己在知识和能力方面的不足，发现培训需求，并制订培训计划。

⑧ 了解自己在企业中的发展前程。

（六）绩效管理的内容

一个有效的绩效管理系统应包括四大部分。

1. 绩效计划

绩效计划是指管理者和员工就员工在一个绩效期（通常为一年）内的主要工作内容和职责，应达到的工作效果及员工的权限等进行讨论并达成协议。

2. 绩效监控

绩效监控是指管理者在整个绩效管理循环的实施过程中，通过各种手段了解员工的工作状况，与员工进行持续的绩效沟通，预防或解决绩效期间可能发生的各种问题，帮助员工更好地完成绩效计划。

3. 绩效评价

绩效评价是指在绩效期结束时，由管理者和员工使用既定的合理的评价方法与衡量技术，对员工的工作绩效进行评价的过程。

4. 绩效反馈

绩效反馈是指绩效期结束时，在管理者和员工之间进行绩效评价面谈，使员工充分了解和接受绩效评价的结果，并由管理者指导员工如何改进绩效的过程。

二、绩效计划

（一）概述

绩效计划是绩效管理的一个重要环节，是绩效管理过程的起点。从具体的表现形式看，绩效计划是用于指导员工行为的一份计划书。通过制订这样一份计划，员工可以了解本绩效周期的工作安排和目标，并了解将会遇到的障碍和可能的解决方法。因此，简单来说，绩效计划包含两个方面的内容：做什么和如何做。

所谓做什么，实际上就是一份绩效目标。而如何做，对于不同的员工则可能包含不同的内容。通常人们认为，在绩效计划过程结束后，管理者和员工应该能够以相同的答案回答以下问题：员工在本绩效期（一般为一年）内的主要工作内容和职责是什么？应达到何种工作效果？员工在本绩效期内应如何分阶段地实现各种目标，从而实现整个绩效期内的工作目标？员工在完成工作任务时拥有哪些权利、决策权限？员工从事该工作内容的目的和意义何在？哪些工作是最重要的？哪些工作是次要的？管理者和员工计划如何对工作的进展情况进行沟通？如何防止出现偏差？

（二）绩效目标

绩效目标是指管理者与下属在使命和核心价值观的指引下，对愿景和战略进行分解和细化，具体体现为绩效主体在绩效周期内需要完成的各项工作。

绩效目标是绩效计划的关键内容。绩效目标通过对组织战略的分解和细化，将抽象的战略转化为具体的、可操作的行动，是制定绩效指标、绩效标准和行动方案的起点和基础。

1. 绩效目标的类型

常见的绩效目标分类方式是依据绩效层次的不同，将绩效目标分为企业绩效目标、车间绩效目标和个人绩效目标。除此之外，还有以下几种常见的分类方式：

（1）按照绩效周期的长短，绩效目标可分为短期目标、中期目标和长期目标。

短期目标通常是在几天、几周或几个月内完成的绩效目标；中期目标是指在半年或一年甚至两年内完成的绩效目标；而长期目标则是指可能要2~3年甚至更长时间才能完成的，或者需要划分为几个关键性阶段的绩效目标。

（2）根据绩效目标的来源，绩效目标可被分为战略性绩效目标和一般绩效目标。

战略性绩效目标来源于组织战略目标的分解，强调激发组织内所有人的创造力，激励所有人为之采取新思维、新方法或新思路，为了实现组织战略目标而群策群力、协同合作和共同奋斗。

一般绩效目标则是来源于组织系统内具体职责的要求，指维持组织正常运行必须履行的日常工作。

2. 绩效目标的制定

在绩效管理实践中，绩效目标的制定通常应该遵循 SMART 原则，其具体含义如下：

(1) 绩效目标应明确具体。"S"（Specific）是指绩效目标应该尽可能地细化、具体化。组织绩效目标和部门绩效目标必须细化和具体化到每个人的绩效目标上，即必须落实到具体的岗位和人员，或能对应到具体的个人。而每个人的情况又各不相同，如岗位、权责、资源条件和经验能力等不同，因此，绩效目标应该明确、具体地体现每位员工的具体工作。组织只有将这种要求尽可能表达得明确而具体，才能够更好地激发员工实现这一目标，并引导员工全面地实现管理者对他的绩效期望。

(2) 绩效目标应该是可衡量的。"M"（Measurable）是指绩效目标要能够被准确衡量，要有可供比较的标准。设定绩效目标，是为了激发每个人的潜力，为实现组织目标而共同努力，因此，绩效目标必须可以衡量，才能为人们的行为提供及时有效的反馈，并且在绩效评价的时候才能进行量化。绩效目标的可衡量特征与绩效评价指标和绩效标准的可衡量特征是密切相关的，这三者的可衡量特征决定了绩效评价和反馈在绩效管理中的可能性。

(3) 绩效目标应该是可达到的。"A"（Attainable）是指绩效目标通过努力就能够实现。在制定绩效目标的时候，为了充分发挥员工的积极性和主动性，组织通常选择比现有水平稍高一点的目标，强调"蹦一蹦，够得着"。过高的目标会使员工失去信心和动力，而目标太低则无法使员工发挥应有的水平。切实可行的方法是在两者之间找到一个最佳的平衡点，即一个员工通过努力可以达到的可行的绩效目标。因此，在绩效目标制定过程中，管理者和下属需要充分沟通，共同制定既具有挑战性又兼备可行性的绩效目标。

(4) 绩效目标应该有相关性。"R"（Relevant）是指个人绩效目标要与企业绩效目标和车间绩效目标相关联。

(5) 绩效目标应该有时限性。"T"（Time-Based）是指完成目标需要有时间限制。这种时间限制实际上是对目标实现方式的一种引导，要求管理者根据工作任务的权重、事情的轻重缓急，确定完成绩效目标的最后期限，确定项目进度安排，据此对绩效目标进行有效的监控，以便在出现问题的时候能及时对下属进行绩效辅导。不论是整个绩效计划中的总目标，还是分阶段的分目标，都应受到时间的限制。

绩效目标设定时还应掌握 KISS（Keep It Simple & Stupid）原则；目标不宜太多，以 4~6 项为宜；目标的选择以重要性、急迫性为优先，设定后再设法加以量化；目标的内容应能显示工作成果，而非工作过程；例行性、缺乏挑战性的工作项目不宜列入目标；目标应与上级目标相关联；短期目标应与长期目标相配合。

三、绩效沟通

（一）沟通与绩效沟通

沟通，是人与人之间通过语言、文字、符号或其他的表达形式，进行信息传递和交换的过程。沟通的目的是达成双方的一致性，消去彼此的差异，找出共同点，使双方在生理状态或心理状态上，都能进入一个共同的频道，达到彼此的目的。

绩效沟通是指管理者与员工在共同工作的过程中分享各类与绩效有关的信息的过程。这些信息包括：有关工作进展情况的信息、有关员工工作中的潜在障碍和问题的信息、各种可能的解决措施等。绩效沟通是连接绩效计划和绩效评价的中间环节，是实现绩效改进和绩效目标的重要手段。

（二）沟通的原则

1. 准确原则

准确是沟通基本的原则和要求。在沟通中，只有当你所用的语言和方式能为对方理解时，沟通才有效。这一点看起来简单，做起来未必容易。在实际工作中，由于接收方对发送方的信息未必能完全理解，发送方应将信息加以综合并力求用容易理解的方式来表述，这就要求发送方具有较高的语言表达能力并熟悉下级、同级和上级所用的语言，只有这样才能克服沟通过程中的各种障碍。

2. 逐级原则

在开展纵向沟通（包括向下沟通和向上沟通）时，应尽量遵循逐级原则。

在向下沟通时，由于经理下面往往还有主管，主管下面还有普通职员，经理应设法使主管人员位于信息交流的中心，尽量鼓励他们发挥核心作用。但在实际工作中，经理可能会忽视这一点，他会越过下级主管人员而直接向一线人员发号施令，这可能会引起许多不良后果。如果确实要这样做，经理也应事先与下级主管进行沟通，只有在万不得已的情况下（如紧急动员完成某项工作）才可以越级沟通。在向上沟通时，原则上也应该遵循逐级原则。

3. 及时原则

信息只有得到及时反馈才有价值。在沟通时，不论是向下传达信息，还是向上提供信息，或者与横向部门沟通信息，经理都应遵循及时原则。遵循这一原则，可以使自己得到各方的理解和支持，同时可以迅速了解同事的思想和态度。在实际工作中，沟通常因信息传递不及时或接收者不够重视等原因而使效果大打折扣。

（三）沟通的方式

1. 正式的书面报告

许多管理者都会要求员工定期上交工作汇报，以了解员工的工作情况和遇到的各种问题，并要求员工提出建设性意见。它的优点是简单易行，能够提供文字记录，避免进行额外的文字工作；缺点在于沟通是单方向的信息流动，另外，书面报告在很大程度上还要取决于员工的文化水平。

2. 管理者与员工定期的会面

这种面对面的会谈不仅是信息交流的最佳机会，而且还有助于在管理者与员工之间建立一种亲近感，利于培养团队精神。

3. 非正式的绩效沟通

非正式的绩效沟通指管理者和员工在工作过程中或工作之余的各种非正式会面。它的最大优点在于及时性。

（四）沟通的技巧

下面介绍沟通过程中应该避免的行为，可总结为"沟通十忌"。

一忌面无表情。作为一个有效的倾听者，经理应通过自己的身体语言表明对下属谈话内容的兴趣。肯定性点头、适宜的表情并辅之以恰当的目光接触，无疑显示你正在用心倾听。

二忌不耐烦的动作。看手表、翻报纸、玩弄钢笔等动作则表明你很厌倦，对交谈不感兴趣，不予关注。

三忌盛气凌人。可以通过面部表情和身体姿势表现出开放的交流姿态，不宜交叉胳膊和腿，必要时上身前倾，面对对方，去掉双方之间的阻隔物。

四忌随意打断下属。在下属尚未说完之前，尽量不要做出反应。在下属思考时，先不要臆测，仔细倾听，让下属说完，你再发言。绩效沟通的另一个重要内容是能通过绩效面谈，将员工的绩效表现回馈给员工，使员工了解自己在过去一年工作上的得与失，以作为来年做得更好或改进的依据。

五忌少问多讲。发号施令的经理很难实现从上司到"帮助者""伙伴"的角色转换。我们建议经理在与员工进行绩效沟通时遵循 80/20 法则：80% 的时间留给员工，20% 的时间留给自己；而在自己这 20% 的时间内，80% 的时间用来发问，20% 的时间用来"指导""建议""发号施令"，因为员工往往比经理更清楚本职工作中存在的问题。换言之，要多提好问题，引导员工自己思考和解决问题、自己评价工作进展，而不是发号施令，居高临下地告诉员工应该如何做。

六忌用"你"沟通。在绩效沟通中，多使用"我们"，少用"你"。例如，"我们如何解决这个问题？""我们的这个任务进展到什么程度了？""我们如何才能帮助您？"

七忌笼统反馈。管理者应针对员工的具体行为或事实进行反馈，避免空泛陈述。例如，"你的工作态度很不好"或"你的出色工作给大家留下了深刻印象"这种模棱两可的反馈，不仅起不到激励或抑制的效果，反而易使员工产生不确定感。

八忌对人不对事。当员工犯了错误或做出不恰当的事情时，应避免用评价性标签，如"没能力""失信"等，而应当客观陈述发生的事实及自己对该事实的感受。

九忌指手划脚地训导。当下属绩效不佳时，应避免说"你应该……，而不应该……"，这样会让下属体验到某种不平等，可以换成"我当时是这样做的……"。

十忌"泼冷水"。当员工犯了错误后,最好等其冷静后再做反馈,避免"趁火打劫"或"泼冷水";如果员工做了一件好事,则应及时表扬和激励。

四、绩效评价

(一)什么是绩效评价

所谓绩效评价,是指管理者运用一定的评价方法、量化指标及评价标准,对员工的绩效目标的实现程度所进行的综合性评价。

(二)绩效评价的步骤

绩效评价是对人的价值做出判断的一种观念性的活动,包括六个环节:

观察:评价者在日常工作中观察被评价者的行为。

记录:评价者将这种行为作为被评价者整体绩效的一部分而记录下来。

储存:评价者将这种信息储存在记忆里,这种信息会在短期及长期内减退。

回顾:当需要对评价者进行评价时,评价者对各个绩效进行审查,回顾自己所储存的观察和印象,并与相应的绩效目标进行对比。

评价:评价者对信息再次进行审查,并与其他各种可能的信息结合在一起,最终确定被评价者的评价等级。

反馈:评价者与被评价者进行充分的沟通,使被评价者能充分了解评价的结果,并帮助被评价者认识到自己在工作中取得的进步和存在的问题。

(三)绩效评价的内容

(1)业绩评价。员工职务行为的直接结果。

(2)能力评价。能力包括常识和专业知识,技能、技术或技巧,工作经验,体力。

(3)潜力评价。潜力即潜在能力,是指员工具有但在工作中没发挥出来的能力。潜力评价就是通过各种手段,了解员工的潜力,从而找出阻碍员工发挥潜力的原因,更好地将员工的工作潜力发挥出来,将其转化为现实的工作能力。

(4)态度评价。不同的工作态度会产生不同的工作结果,因此,对员工的工作态度进行评价,就是要鼓励员工充分发挥现有的工作能力,最大限度地创造优异的工作业绩。

(四)应注意的几个问题

(1)力求简单,可使员工更好地接受并高效率地执行。

(2)尽量减少不必要的文字工作。

(3)节约时间。

(4)力求愉快,尽量减少不愉快。

(五)360°反馈评价

360°反馈评价也称为全方位反馈评价或多源反馈评价,是指由与被评价者有密切关系的人,包括被评价者的上级、同事、下属和客户等,分别匿名对被评价者进行评价,被评价者自己也对自己进行评价；然后由专业人员根据有关人员对被评价者的评价，对比被评价者的自我评价向被评价者提供反馈，以帮助被评价者提高其能力水平和业绩。

（1）360°反馈评价的优点在于：

① 打破了由上级考核下属的传统考核制度，可以避免传统考核中考核者极容易发生的"光环效应""居中趋势""偏紧或偏松""个人偏见""考核盲点"等现象。

② 一个员工想要影响多个人是困难的，管理层获得的信息更准确。

③ 可以反映出不同考核者对于同一被考核者不同的看法。

④ 防止被考核者急功近利的行为（如仅仅致力于与薪金密切相关的业绩指标）。

⑤ 较为全面的反馈信息有助于被考核者多方面能力的提升。

360°反馈评价实际上是员工参与管理的方式，在一定程度上可增加他们的自主性和对工作的控制，员工的积极性会更高，对组织会更忠诚，提高了员工的工作满意度。

（2）360°反馈评价的不足在于：

① 考核成本高。当一个人要对多个同伴进行考核时，时间耗费多，由多人来共同考核所导致的成本上升可能会超过考核所带来的价值。

② 成为某些员工发泄私愤的途径。某些员工不正视上司及同事的批评与建议，将工作上的问题上升为个人情绪，利用考核机会"公报私仇"。

③ 考核培训工作难度大。组织要对所有的员工进行考核制度的培训，因为所有的员工既是考核者，又是被考核者。

五、绩效培训

绩效培训是指对绩效评价者的培训。一个企业即使绩效评价系统设计得再好，也不能确保绩效评价的结果得到员工的认可，因为绩效评价的效果不仅取决于评价系统本身的科学性与可靠性，还取决于评价者的评价能力。评价者的任何主观失误或对评价系统的认识误差都会影响评价的准确性，进而影响其有效性。

（一）评价者误区的类型

1. 晕轮误差

晕轮误差又称为晕轮效应，是指评价者对被评价者的认知和判断往往只从局部出发，扩散而得出整体印象，即常常以偏概全。如果一个人被标明是好的，他就会被一种积极肯定的光环笼罩，并被赋予一切都好的品质；如果一个人被标明是坏的，他就被一种消极否定的光环所笼罩，并被认为具有各种坏品质。

2. 宽大化倾向

宽大化倾向是全世界最为盛行的评价者行为倾向。受这种行为倾向的影响，评价者对评价对象的评价往往高于其实际成绩。

3. 严格化倾向

严格化倾向是与宽大化倾向相对应的另一种可能的评价者行为倾向，是指评价者对员工工作业绩的评价过分严格。

4. 中心化倾向

中心化倾向是指评价者对员工做出的评价结果相差不大，或都集中在评价尺度的中心附近，导致评价成绩拉不开距离。

5. 首因误差

首因误差又称第一印象误差，指员工在绩效评价初期的绩效表现对评价者评价其以后的绩效表现产生延续性影响。

6. 近期行为误差

近期行为误差指评价者只凭员工的近期（绩效评价期间的最后阶段）行为表现进行评价，即员工在绩效评价期间的最后阶段绩效表现的好坏，导致评价者对其在整个评价期间的业绩表现得出相同的结论。

7. 评价者个人偏见

评价者个人偏见是指评价者在进行各种评价时，可能对员工的个人特征，如种族、性别、年龄、性格、爱好等存在偏见，或偏爱与自己行为或人格相近的人，造成人为的不公平。

（二）避免评价者误区的方法

通过培训使评价者认识种种评价误区，从而有意识地避免这些误区。

（1）将绩效评价指标界定清晰，以免晕轮误差等种种错误倾向的发生。

（2）使评价者正确认识绩效评价的目的，以避免宽大化倾向和中心化倾向。

（3）提高评价者的信心。评价者缺乏信心，可能源于对评价体系本身缺乏信心。

（4）通过培训使评价者学会如何收集资料作为评价依据，以避免首因误差、近期行为误差等。

思考题

1. 什么是绩效？它有哪些性质？
2. 什么是绩效管理？它有哪些特征？
3. 绩效目标设定时应注意些什么？
4. 什么是 SMART 原则？
5. 沟通的原则是什么？
6. 绩效评价的误区有哪些？

模块十 车间现场管理

【主要能力指标】

熟悉现场管理的特点。

掌握现场管理的原则。

掌握5S管理。

了解工业工程（IE）的知识。

【相关能力指标】

能够建立一个简单的QC小组。

一、现场管理概论

80%的工作在现场，80%的人员在现场，80%的问题在现场，80%的事故在现场。"得现场者得天下！"

（一）现场的定义

现场的广义定义就是场所，也就是实际发生行动的场地。现场的狭义定义是指企业为顾客设计、生产、销售产品和服务，以及与顾客交流的地方。现场为企业创造出附加值，是企业活动最活跃的地方。

企业的每一个部门都与顾客的需求有着密切的联系。从产品设计到生产及销售的整个过程都是现场，也就都有现场管理。这里我们所探讨的是生产部门的制造现场——生产车间。

（二）现场管理的定义

现场管理是指运用科学的管理思想、管理方法和管理手段，对现场的各种生产要素，如人（操作者、管理者）、机（设备、工装）、料（原材料）、法（工艺）、测（检测）、环（环境）、资（资金）、能（能源）、信（信息）等，进行合理配置和优化组合的动态过程，通过计划、组织、控制、协调、激励等管理职能，保证现场按预定的目标，实现优质、高效、低耗、均衡、安全、文明的生产作业。

现场管理的主体是生产车间。

(三) 现场管理的特点

生产企业现场管理具有以下六大特点：

1．基础性

企业管理可分为三个层次，即最高领导层的决策性管理、中间管理层的执行性管理和作业层的现场管理。现场管理属于基层管理，是企业管理的基础。

基础扎实，现场管理水平高，可以增强企业对外部环境的承受能力和应变能力，可以使企业的生产经营目标、各项计划和指令、各项专业管理要求顺利在基层得到贯彻与落实。

2．系统性

现场管理是从属于企业管理系统中的一个子系统，它具有系统性、相关性、目的性和环境适应性。

这个系统的外部环境就是整个企业，企业生产经营的目标、方针、政策和措施都会直接影响生产现场管理。

这个系统的输入是人、机、料、法、测、环、资、能、信等生产要素，通过生产现场的转换过程，输出各种合格的产品和优质的服务；同时，反馈转换过程的各种信息，以促进各方面工作的改善。

系统性特点要求生产现场必须实行统一指挥，不允许各部门、各环节、各工序违背统一指挥而各行其是。

3．参与性

现场管理的核心是人，现场的一切生产活动、各项管理工作都要由现场作业员工去掌握、操作、完成。因此，改善现场管理仅靠少数专业管理人员是不够的，必须调动现场所有员工的积极性和创造性，发动广大员工参与管理。

生产人员在岗位工作过程中，按照统一标准和规定的要求，实行自主管理，开展员工民主管理活动，必须改变人们的旧观念，培养员工良好的生产习惯，提高其参与管理的能力，不断提高员工的素质。

4．开放性

现场管理是一个开放的系统，在系统内部及外部环境之间经常要进行物质和信息的交换与反馈，以保证生产有序进行。

各类信息的产生、收集、传递、分析和利用，要做到及时、准确、齐全，尽量让现场人员能看得见、摸得着。

例如，班组和工段的任务产量、质量控制、班组核算等的计划指标和完成情况，可画成图表并展示在现场，让现场人员都知道自己应干什么和干得怎样。与现场生产密切相关的规章制度、工艺规范、操作规程、安全守则等应公布在现场醒目处，以便现场人员共同遵守执行。现场区域划分、物品摆放位置、危险源等应设有明显标志。

5. 规范性

现场管理要严格执行操作规程，遵守工艺纪律及各种行为规范。现场的各种制度和各类信息的收集、传递和分析，要做到标准化，并做到规范、齐全、提示醒目。

6. 动态性

现场种种生产要素的组合是在投入与产出转换的运动过程中实现的。现场管理就是保证人流、物流和信息流的畅通，实现三个流由低级到高级的不断发展、不断提高的动态过程。

（四）现场的使命

现场的使命体现在以下七个方面：

1. 完成生产任务

不管是备货型生产还是订货型生产，生产现场都有责任完成每日的生产任务，完不成生产任务也就完不成营销计划，对企业来说就不能产生利润。因此，在生产过程中即使出现一些不良情况，也必须负责任地去解决问题，从而完成生产任务。

2. 维持并提高产品质量水平

生产现场负有防止不合格品发生、生产出合格产品的责任，产品的实物质量是在现场发生并得到保证的。同时，生产现场还要保证在不提高成本的基础上提高产品的质量。

3. 遵守并缩短交货期

遵守和顾客约定的交货期的责任主要在生产现场。但如果发生诸如生产现场使用的材料来迟了、设备出了问题等意外情况，生产现场的管理者也要尽一切努力遵守交货期；另外，还要设法缩短工程时间，从而达到缩短交货期的目的。

4. 维持并降低标准成本

生产现场有责任维持产品制造的标准成本，不仅要维持标准成本，还要谋求降低成本，在市场竞争中取得价格的有利地位。

5. 保持生产设备的正常运转

正常使用生产现场的机械设备，定期进行规定内容的点检、保养工作。当发生异常时，及时修复设备。

6. 防止劳动灾害的发生

生产现场有防止劳动灾害发生的责任，有责任排除不安全因素，并排除不安全的操作行为。

7. 彻底执行5S管理

在提高生产现场的生产效率，防止劳动灾害发生方面起重要作用的是5S管理，所以每天都要下力气彻底执行5S管理，以保障生产的正常进行。

（五）现场管理的观念

在生产现场管理中务必建立两个基本观念：一是资源观念。现场管理者将周围的环境当作资源来看待，人、机、料、法、环、测是资源，技术和信息也是资源，上级、同级和下属之间的关系都是资源，要想办法调动人员的积极性，使各种资源为实现生产现场目标服务。二是经营的观念。生产现场具备经营实体所必备的基本要素，生产现场相当于一个经营实体，管理一个部门就是经营一个部门。生产现场业绩好坏是由现场管理者运用人、机、料、法、环等资源创造业绩的能力决定的，现场管理者要建立资源运用和部门经营的观念，站在更高的角度，以更广的视野看待现场管理。

（六）现场管理的基本原则

1. 维护环境

维护环境是良好管理不可缺少的一环。借助环境的维护，可以提高员工的自律性。没有自律性的员工，不可能提供给顾客良好的产品或服务。

2. 消除浪费

浪费是指任何不会产生附加价值的活动。在现场作业的员工，不是在产生附加价值，就是没有产生附加价值。这一判断对其他如机器和材料资源而言也是相同的。消除浪费，可以作为提高生产力和降低作业成本的最有效方法。现场管理应着眼于消除现场浪费，而非以增加投资来增加产出。

3. 标准化

标准化可以定义为做事的最佳方式。产品是经历一系列流程生产的结果，为确保质量，在每一个流程都要维持一定的标准。标准化是在每一个流程中贯彻确保质量和防范错误发生的方法。

（七）现场管理的目标

为满足顾客要求，现场管理有以下六大目标。

1. 品质（Quality）

品质不仅指完成产品的实物质量，也指完成这些产品和服务所必要的过程质量。质量是企业未来的希望。

2. 成本（Cost）

成本指设计、生产、销售及服务产品的总体成本。合理的成本，既能为企业赢得更多的利润，也是产品具有市场竞争力的有力保障之一。现场管理的成本目标可设定以下几个：制造成本、材料成本、人工成本、质量成本等。

3. 交货期（Delivery）

交货期指将所需产品及时送达顾客的日期。满足顾客的需求，适时提供所需的产品是留住顾客的关键。

4. 效率（Efficiency）

同样的时间内，产出量越多，效率越高。效率是衡量部门绩效的尺度，也是企业生存和发展的基础，更是工作改善的标杆。

5. 安全（Safety）

生产必须保证安全，安全才能促进生产，安全第一。

6. 士气（Morale）

士气指团体和成员工作的精神面貌，其核心内容是群体的凝聚力。坚强有力的团队、高昂的士气是企业活力的表现，是企业取之不尽、用之不竭的宝贵资源。

二、现场管理的主要方法

现场管理的主要方法有目标管理、价值工程、成组技术、看板管理、5W2H法、工业工程（IE）、5S管理等。这些方法不仅可运用于现场管理，也适用于整个企业管理，只不过适用的层次和范围不同而已。

（一）目标管理（Management by Objective，MBO）

1. 制定目标

根据企业总目标，制定部门分目标；再分解到现场的班组，作为团队目标；再根据班组中每个人的具体情况，制定个人的目标。

制定目标时一定要每个人都参与，与上级共同制定。

2. 实施目标

按目标要求严格实施，实施过程中要及时提供帮助和指导。实施过程中要有相应的保障，要得到上级在资源方面的支持。

3. 检查目标

定期进行目标完成情况检查，并与目标值进行对比分析，当出现未完成的情况时，提供帮助和纠偏。

检查时要注意过程的监督控制，而不只是检查结果。

4. 反馈目标

总结目标完成过程中的经验和不足，用于新目标的制定。

目标管理的工作要逐步推行，长期坚持。

（二）价值工程（Value Engineering）

在现场管理中实施价值工程要有选择性，不是对所有的产品都实行，一般选择产量大、在企业中占有主要地位的产品和部件，市场竞争激烈、技术经济指标较差的产品，结构复杂、设计落后、工艺落后的产品，质量低劣、成本过高的产品，或用料贵重、耗用稀缺资源多的部件。

（三）成组技术（Group Technology，GT）

成组技术既是一种高效率的生产技术和管理技术，也是一种先进的生产组织方法。

成组技术在现场管理中的实施步骤是：将产品零件按结构、形状、尺寸和制造工艺的相似性归并成零件组，并以零件组投入生产，以扩大零件的生产批量，从而使小批量生产获得类似大批量生产的效益。具体步骤如下：

（1）对不同的多种产品零件，按其几何形状、加工方法、精度要求和毛坯种类的相似性进行零件的分类和编码。

（2）按零件类别，分别划出成组加工单元。成组加工单元是加工一组零件的全部制造过程中所必须配置的若干设备和工艺装备。

（3）产品设计与零件选择应按照工艺的分类编码进行。

（4）产品的装配与零件加工应按成组工艺规程和成组加工单元来安排。

（四）看板管理

看板管理是指将管理项目用数据、图表等形式一目了然地表现出来的透明化管理活动。它把文件上、脑子里或现场等隐藏的情报揭示出来，以便任何人都可以及时掌握管理现状和必要的情报，从而能够快速制定应对措施并实施。

看板管理是一流现场管理的重要组成部分，是给客户信心及在企业内部营造竞争氛围，提高管理透明度非常重要的手段。

1．看板管理的作用

（1）展示改善成绩，让参与者有成就感、自豪感。

（2）营造竞争的氛围。

（3）营造现场活力。

（4）明确管理状况，营造有形及无形的压力，有利于工作的推进。

（5）树立良好的企业形象。

（6）展示改善的过程，让大家都能掌握技巧。

2．看板的常见形式

（1）目标分解展示板。对产品、工序、原因、技术等进行分解。但应考虑现象把握难易度、对策实施难易度、成果把握难易度等情况，然后决定按什么顺序来展开。

（2）工具板。根据工具的特点或形状，将之安置在一块板上，容易取用，又可随时方便地放回，可大大方便现场人员，节约工作时间，提高工作效率。

（3）设备保养日历。指设备预防保全计划，包括定期检查、定期加油及大修的日程，以日历的形式预先制订好，并按日程实施。其优点是就像查看日历一样方便，而且日历上已经记载了必须做的事项，等完成后做好标记。

（4）班组管理现状板。集合部门目标、出勤管理、业务联络、通讯联络、资料、合理化建议、信箱等内容，是班组的日常管理看板，一般设置在休息室的地方。

另外，还包括很重要的生产计划完成日统计看板、产品质量过程统计（SPC）看板等。

（五）5W2H法

在现场管理过程中，经常会碰到各种各样的问题，这时，只要多问几个为什么，就会找到问题的所在，解决问题的方法也就尽在掌握之中。

1. What（对象）

什么事情？有哪些工作要做？其工作内容是什么？其重点是对工作内容进行分析。

2. Where（场所）

什么地方？这些工作内容在什么地方做更合适？工作优先次序、地位如何？做完到哪里去？

3. When（时间）

什么时候开始做？做多久？什么时间应该完成？各项工作的时间配合如何？时间顺序如何？

4. Who（人）

什么人？由谁去做最合适？与谁有关系？竞争对手是谁？

5. Why（原因）

什么原因？为什么一定要这样做？有何必要？如果不这么做，会带来哪些后果？

6. How（方法）

怎么做？用什么方法完成最好？还有没有比这更好的方法？

7. How Much（成本）

成本或代价是什么？这样做要花多少成本？付出的代价怎样？

5W2H法的特点是就问题点直接发问，回答时也只需要就问题直接回答，回答的结果又将成为下一个发问的问题，不断追问下去，连续数次，就可找到问题的症结。

（六）工业工程（Industrial Engineering，IE）

工业工程是在人们致力于提高工作效率和生产率，降低成本的实践中产生的一门学科，就是把技术和管理有机地结合起来，去研究如何使生产要素组成生产力更高、更有效运行的系统，是实现提高生产率目标的工程学科。

工业工程的应用能够极大地推动生产发展和经济增长。

1. 定义

工业工程是对人员、物料、设备、能源和信息所组成的集成系统进行设计、改善和设置的一门学科。它综合运用数学、物理学和社会科学方面的专门知识和技术，以及工程分析和设计的原理与方法，对该系统所取得的成果进行确定、预测和评价。

工业工程的本质是采用各种科学和工程的方法，以最少的输入，力求取得最大（佳）的输出，即实现最佳的工作系统。

输入：人、机、料、法、环、测等要素。

输出：产量、质量、成本、交货期、安全等要素。

2. 工业工程的目标

工业工程的目标是通过不断地改进和优化设计，使系统更加合理化，产生最佳的综合效益，即使生产系统投入的要素得到有效利用，降低成本，保证质量和安全，提高生产率，获得最佳效益。

3. 工业工程的基本职能

工业工程的基本职能包括规划、设计、实施、评价、创新五部分。

(1) 规划。

规划是指确定一个组织在未来一定时期内从事生产或服务所采取的特定行动的预备活动，包括总体目标、政策、战略和战术的确定。

(2) 设计。

设计是指为实现某一种既定目标而创建具体实施系统的前期工作，包括技术准则、规范、标准的拟订，最优方案的选择和蓝图绘制。

(3) 实施。

实施是指对具体的方案与项目进行实施，包括各种生产技术准备工作、日常的工艺管理和生产控制。

(4) 评价。

评价是指对现存的各种系统、各种规划和计划方案及个人与组织的业绩做出是否符合既定目标或准则的评审与鉴定活动。

(5) 创新。

创新是指对现存各种系统的改进提出崭新的、富于创造性和建设性见解的活动。

4. 工业工程的意识

工业工程的意识包括成本和效率意识、问题和改革意识、工作简化和标准化意识、全局和整体化意识、以人为中心的意识。

5. 工业工程方法

工业工程方法由方法研究和作业测定两部分构成。

所谓方法研究，是指为策划和改善作业方法，通过对作业流程进行整理、分析，发现作业中存在的不经济、不均衡和不合理现象，并对其进行改善，以找出最经济的使用劳动力、时间、原材料的方法。

所谓作业测定，是指测定作业时间值和掌握各作业所需的时间。其中，时间分析是作业测定中最基本的方法，它是灵活有效地利用时间的一种方法。

6. 工序分析

工序分析是指按材料、零件的加工和流动的顺序，用专门的符号记录产品的变化或作业人员的运作，以进行调查、分析，掌握工序中存在的不经济、不均衡、不合格现象，以及中途出现的待工等现象，找到改善的重点，服务于制定改善方法的一种方法。

工序分析后的改善方法见表10-1。

表10-1　改善方法

方法	目标	例子
排除法	是否可以不做 如果不做将会怎样	省略检查 通过变换布局省略搬运
简化法	是否更简单	重新认识作业 自动化
组合法	两个以上的工序是否可以组合起来	将两个以上的加工同时作业 将加工和检查同时作业
交换法	是否可以调换工序	更换加工顺序，提高作业效率

7. 时间分析

时间分析是对参与人员的作业设定最合适的作业方法，即标准作业，以及确定标准作业所需时间所进行的改善活动。

（七）5S管理

5S是源于日本的一种最佳的现场管理方法。其目的在于通过整理、整顿、清扫、清洁和素养来保持良好的环境卫生，从而实现管理水平的提高，保证产品质量的可靠，创造出一个有规律的、干净的、能目视管理的、高效优质的工厂。

1. 5S的定义

5S就是整理（SEIRI）、整顿（SEITON）、清扫（SEISO）、清洁（SEIKETSU）、素养（SHITSUKE）五个项目，因其日文的罗马拼音均以"S"开头，简称5S。

5S通过规范现场、现物，营造一目了然的工作环境，培养员工良好的工作习惯，其最终目的是提升人的品质：革除马虎之心，养成凡事认真的习惯（认认真真地对待工作中的每一件小事）；养成遵守规定的习惯，自觉维护工作环境整洁明了的良好习惯，以及保持文明礼貌的习惯。

（1）整理。

将工作场所的任何东西区分为必要的与不必要的；把必要的东西与不必要的东西明确地、严格地区分开来；将不必要的东西尽快处理掉。

目的：腾出空间，空间活用；防止误用、误送；塑造清爽的工作场所。

注意点：要有决心，对不必要的物品应断然地加以处置。

实施要领：对自己的工作场所（范围）全面检查，包括看得到的和看不到的；制定"必要"和"不必要"的判别基准；将不必要的物品清除出工作场所；对必要的物品调查使用频度，决定日常用量及放置位置；制定废弃物处理方法；每日自我检查。

（2）整顿。

对整理之后留在现场的必要的物品分门别类放置，排列整齐；明确数量，并进行有效的标识。

目的：工作场所一目了然；工作环境整整齐齐；消除找寻物品的时间；消除过多的

积压物品。

注意点：这是提高效率的基础。

实施要领：前一步骤整理的工作要落实；布置流程，确定放置场所；规定放置方法、明确数量；画线定位；标识场所、物品。

（3）清扫。

将工作场所清扫干净；保持工作场所干净、亮丽。

目的：消除脏污，保持职场内干净、明亮；稳定产品品质；减少工业伤害。

注意点：责任化、制度化。

实施要领：建立清扫责任区（室内、室外）；执行例行扫除，清理脏污；调查污染源，予以杜绝或隔离；建立清扫基准，作为规范。

（4）清洁。

将上面的3S实施的做法制度化、规范化，并贯彻执行及维持结果。

目的：维持上面3S的成果。

注意点：使之制度化，并定期检查。

实施要领：落实前面3S工作；制定考评方法；制定奖惩制度，加强执行；高级主管经常带头巡查，以表重视。

（5）素养。

通过晨会等手段，提高全员文明礼貌水准，让每位成员养成良好的习惯，并遵守规则做事。开展5S活动容易，但要长时间维持，必须靠员工素养的提升。

目的：培养具有良好习惯、遵守规则的员工；提高员工的文明礼貌水准；营造团体精神。

注意点：只有长期坚持，才能养成良好的习惯。

实施要领：制定服装、仪容、识别证标准；制定共同遵守的有关规则、规定；制定礼仪守则；进行教育训练（新进人员强化5S教育、实践）；开展各种精神提升活动（晨会、礼貌运动等）。

2. 5S的推行步骤

掌握了5S的基础知识，尚不具备推行5S的能力。因推行步骤、方法不当，导致事倍功半，甚至中途夭折的事例并不鲜见。因此，掌握正确的步骤、方法是非常重要的。

5S的推行步骤如下：

步骤1：成立推行组织。

建议由企业主要领导出任5S推行委员会主任职务，以视对此活动的支持。具体安排上可由副主任负责5S的全面推行。

步骤2：拟定推行方针及目标。

方针制定：推动5S管理时，制定方针作为导入的指导原则。方针的制定要结合企业具体情况，要有号召力。方针一旦制定，要广为宣传。

目标制定：先予设定期望的目标，作为活动努力的方向，便于活动过程的成果检查。

目标的制定也要同企业的具体情况相结合。

步骤3：拟订工作计划及实施方法。

大的工作一定要有计划，以便大家对整个过程有一个整体的了解。项目责任者清楚自己及其他担当者的工作是什么及何时要完成，大家相互配合，造就一种团队作战精神。

步骤4：对员工进行教育。

对员工进行教育是非常必要的，让员工了解5S能给工作及自己带来很多好处，从而使员工能主动地去做，这与被别人强迫着去做，效果是完全不同的。教育形式要多样化，如采用讲课、放录像、观摩其他工厂或样板区域、学习5S推行手册等方式，可视具体情况加以使用。

步骤5：活动前的宣传造势。

步骤6：实施。

步骤7：活动评比办法确定。

步骤8：查核。

步骤9：评比及奖惩。

依5S活动竞赛办法进行评比，公布成绩，实施奖惩。

步骤10：检讨与修正。

各责任部门依缺点项目进行改善，不断提高。在5S活动中，适当地导入质量控制方法、工业工程方法是很有必要的，能使5S推行得更加顺利、更有成效。

步骤11：纳入定期管理活动中。

可使5S层次标准化、制度化，举行5S强化月活动。

需要强调的一点是，企业因其背景、架构、企业文化、人员素质的不同，推行5S时可能会出现各种不同的问题。推行时要根据实施过程中所遇到的具体问题，采取可行的对策，才能取得满意的效果。

三、现场质量管理

现场质量，是指生产现场在加强工艺管理，搞好技术检验工作的基础上，按照产品设计，实际生产出来的产品的实物质量，也就是现场的制造质量。现场质量管理就是对制造质量的管理。

（一）现场质量管理的流程

1. 建立保证体系

（1）把各环节、各工序的质量管理职能纳入一个统一的质量管理系统，形成有机整体。

（2）把生产现场的工作质量和产品实物质量联系起来。

（3）把现场质量管理活动同设计质量、顾客反馈沟通起来，联结成一体，从而使现场质量管理工作制度化、经常化，有效地保证企业产品的最终质量。

（4）建立现场质量保证体系的基本方式是 PDCA 循环。

2. 健全信息系统

在生产现场，高质量的原材料、在制品和半成品是物流正常运转的载体和物质条件。为了使物流按规定的路线、时间等要求进行流动，需要依靠信息加以调节和控制。同时，健全的质量信息系统可以将实际结果同规定的目标、计划和各种标准加以比较，调整偏差，实现预定的质量目标。

信息包括两类：质量标准信息和质量反馈信息。

（1）质量标准信息。

质量标准信息指各种有关产品的标准和质量管理活动的要求。这些信息是现场质量管理必须遵循的准则，也是质量管理中评价产品质量状态的标准。

（2）质量反馈信息。

质量反馈信息指根据生产现场的各种质量检验记录、质量报表等文件，动态地反映出质量现场状态的信息。如果反馈的信息中有的与标准信息相比时出现偏差，应及时采取纠正措施。

3. 完善基础工作

提高质量管理水平，关键是抓好基础工作，其中最直接、最重要的是标准化工作、计量工作和建立质量责任制。

（1）标准化工作。

现场质量执行的标准一般有两类：一是技术标准，即技术活动中的生产对象、生产条件、生产方法包装、贮运等需要统一协调并共同遵守的，为重复性事物制定的有关技术准则；二是管理标准，即为合理组织、利用和发展生产力，正确处理管理中出现的重复性事务，发挥管理机构的职能作用而制定的准则。

（2）计量工作。

计量工作（包括测试、化验、分析等）是保证计量的量值准确和统一，确保技术标准的贯彻执行，保证零部件互换和产品质量的重要手段。加强计量工作，必须抓好下列工作：

① 保证计量器具的正确合理使用，保证数据的准确和统一。

② 执行计量器具的严格检定制度。为了确保计量器具的质量，企业所有的计量器具都必须按照国家检定规程规定的检定项目和方式进行检定，经检定合格，具有合格证或标志，才准许投入使用。

③ 计量器具应及时修理和报废。

④ 工具室贮藏的计量器具要妥善保管。

（3）建立质量责任制。

要明确规定现场人员在质量管理工作中的具体任务、责任和权力，把同质量有关的各项工作与员工的积极性结合起来，使现场质量保证体系充分发挥作用。

① 各司其职，人尽其责。

②搞好生产的原始记录。

③制订与执行质量否决方案。

4. 实行标准化作业

标准化作业主要是操作工人作业方法的标准化和质量检测人员工作方法的标准化。机械加工车间的标准化作业有以下内容：

（1）员工作业时的操作程序与要领。

（2）机床的切削用量。

（3）设备定期、定点润滑。

（4）刀具定时更换。

（5）刀具更换时的作业要领。

（6）量具、检具的使用程序与要领。

5. 贯彻"三检制"

"三检"包括操作者自检、互检和专职检验员的专检。

（1）自检，就是自我把关，操作者对自己加工的产品或完成的工作进行自我检验，起到自我监督的作用。

（2）互检，就是操作者之间对加工的产品、零部件和未完成的工作相互检验，起到相互监督的作用。

（3）专检，就是专职检验员对产品质量进行检验。

6. 加强不合格品管理

不合格品是指不符合产品图纸要求的产品，又分为返工、返修、让步使用、报废等几种情况。

现场管理员应对现场出现的不合格品进行确认，做好标记，进行处理，并进行原因分析，判定责任，提出整改方案。

（二）现场质量管理的工具

现场质量管理的工具除了前面提到的因果图、排列图、直方图、控制图等方法外，还有分类法、相关图与调查表。

1. 分类法

分类法又叫分层法，是整理质量数据的一种重要方法。它是把所收集的数据按不同的目的加以分类，将性质相同、生产条件相同的数据归为一组，使之系统化，便于找出影响产品质量的具体因素。分类法可以使表面杂乱无章的数据和错综复杂的因素系统化和条件化，便于分析原因，找出矛盾。分类法常用的分类标志有：

（1）按不同的时间分。

（2）按操作人员分。

（3）按使用设备分。

（4）按原材料分。

（5）按操作方法分。

（6）按检测手段分。

（7）按废品的缺陷项目分。

2. 相关图

相关图又叫散布图，是研究相关关系的直观工具。一般在进行详细的定量分析之前，利用它对现象之间存在的关系进行大致的判断。

以直角坐标系的横轴代表变量 x，纵轴代表变量 y，将两个变量间相对应的变量值用坐标点描绘出来，用以反映两变量之间的相关关系。

两个变量之间常见的相关关系通常有 6 种，如图 10-1 所示。

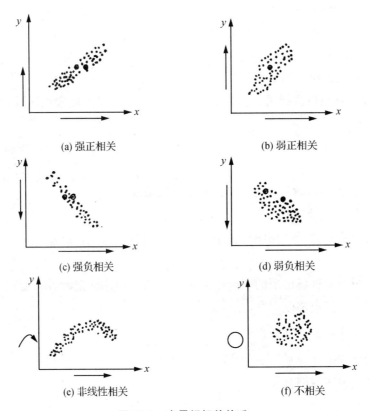

图 10-1　变量间相关关系

3. 调查表

调查表是用来进行数据的收集和整理，并在此基础上进行原因的初步分析的工具。

例如，在磨床上加工某零件外圆，由甲、乙两名工人各磨 100 个零件，甲、乙各产生 23 件和 22 件废品。对废品产生的原因进行初步分析，所得如表 10-2 所示。

表 10-2 不合格原因

不合格原因	废品数/件		
	甲	乙	合计
表面粗糙度不合格	2	1	3
圆柱度超出规范	1	2	3
锥度不合格	3	18	21
碰伤	17	1	18
小计	23	22	45

若只对工人，不对不合格原因进行分析，可看出两名工人的废品率相差无几，找不出重点。若只对不合格原因进行分析，不对工人进行分析，可看出不合格的主要因素为锥度不合格及碰伤。对工人及不合格原因同时进行分析，可发现甲工人造成不合格的主要因素为碰伤，乙工人造成不合格的主要因素为锥度不合格。进一步分析可以看出，甲造成的不合格主要是因为粗心大意，只要注意防护，不合格可以很容易消除；而乙造成的不合格主要是锥度不合格，是由于技能造成的，消除不合格的难度很大。

（三）现场质量检验

现场质量检验是对在制品的一个或多个特性进行的诸如测量、检查、试验或度量，并将结果与规定要求进行比较，以确定每项特性合格情况所进行的活动。

1. 现场质量检验的任务

（1）鉴别产品的质量水平，确定其符合程度及能否接收。

（2）判断工序的质量状况，为工序能力控制提供依据。

（3）了解产品质量等级或缺陷的严重程度。

（4）改善检测手段，提高检测作业发现质量缺陷的能力和有效性。

（5）反馈质量信息，报告质量状况与趋势，提供质量改进建议。

2. 现场质量检验的方式

（1）进货检验。

进货检验是指对外购物料进行的质量验证，即对采购的原材料、辅料、外购件、外协件及配套件等进行入库前的接收检验。

（2）工序检验。

工序检验又称过程检验，其目的是防止在加工过程中出现大批不合格品，避免不合格品流入下一道工序。

（3）完工检验。

完工检验又称最终检验，是全面考核半成品或成品质量是否满足设计规范标准的重要手段。

（四）QC（Quality Control）小组活动

QC 小组，即质量控制小组，是指同一个工作现场或工作相互关联区域自动自发地进行质量管理活动的人员所组成的小组。这些小组作为质量管理活动的一环，在自我启发、相互启发的原则之下，在各种正式和非正式场合，通过集体交流沟通、计划、实施和总结，持续地改进工作品质，发现工作现场的问题，并灵活运用各种统计方法，以全员参加的方式不断地进行维护及改善工作现场的质量。

1. QC 小组活动的特点

（1）普遍性。每一个企业的员工都可以参加 QC 小组活动。

（2）自愿性。员工以自愿参加为前提，自我管理，不受任何制约。

（3）目的性。QC 小组活动以解决企业管理中的实际问题，特别是质量问题为目的。

（4）科学性。QC 小组活动应遵循一定的工作程序，采用科学的统计技术和质量管理方法来分析和解决质量问题。

（5）民主性。参加 QC 小组活动的成员可以自由发表意见，畅所欲言，与自己所处的职位无关。

（6）改进性。开展 QC 小组活动是要确保某项工作活动的改进，否则无任何作用。

（7）经济性。QC 小组活动涉及的人员与范围不大，在日常工作中可以随时组织和进行，其投入小，见效快，积小成大，经济效益越发明显。

（8）发展性。QC 小组活动应遵循 PDCA 循环，持续进行，在原有目标基础上不断发展。

2. QC 小组活动的类型

（1）现场型。以现场管理改善为核心，改进现场管理中人、机、料、法、环、测等要素中的一个或几个方面。它的课题小，问题集中，解决速度快，容易出成果，且易开展。主题可以是提高产品和工序质量、设备改善、成本降低等。

（2）攻关型。以技术或工艺课题攻关为核心，进行某一方面的工艺或技术的突破改进。这类活动的周期长，难度大，要求高。

（3）服务型。以改善服务质量为核心，重点在于推动服务工作标准化、程序化、科学化，以提高服务经济效益和社会效益为目的。其活动周期有长有短，选题也比较灵活。

（4）管理型。以改善管理质量和水平为核心，以提高管理效率为目的，范围涉及企业管理的方方面面。主题可以是减少管理费用、减少安全事故、提高沟通效率等。

（5）创新型。以工作创新为核心，涉及技术、管理、服务等工作。活动的结果从无到有，不需要对历史进行调查，但关键是突破口的选定。这种活动周期长，难度较大，主题可选新技术开发、产品创新、管理创新等方面。

3. QC 小组活动的开展

（1）QC 小组的组建。

根据 QC 小组的类型不同，可采取自下而上组建和自上而下组建两种程序。

① 自下而上组建程序，如图 10-2 所示。

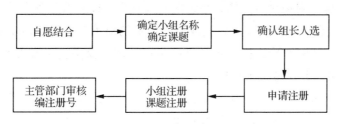

图 10-2 自下而上组建程序

这种程序适用于同一班组和科室组成的现场型、服务型、管理型的 QC 小组。

② 自上而下组建程序，如图 10-3 所示。

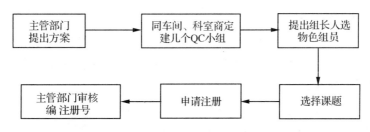

图 10-3 自上而下组建程序

这种程序适用于攻关型及涉及面广、课题较重大的 QC 小组。

(2) QC 小组活动的步骤。

QC 小组完整的活动可分十个步骤进行（图 10-4）：

① 选择课题。课题来源一般有指令性课题、指导性课题、自行选择性课题。指令性课题和指导性课题一般是企业生产经营活动中迫切需要解决的问题，但这类问题相对较小，大多数要小组自己选择。选择的方法可以采用质量统计中的方法，如排列图、调查表、控制图等，一般最常采用的是头脑风暴法。

② 现场调查。到现场测量，收集第一手资料，用数据说话，收集到数据后要对之进行整理、分类、分层，然后进行分析。

③ 设定目标。目标要与课题一致，要明确集中，同时要说明制定目标的依据，保证目标切实可行。

④ 分析原因。问题明确了，目标也设定了，接下来就要针对问题进行分析。可采用因果图、系统图、关联图等质量统计的方法，也可采用头脑风暴法。在分析原因时一定要注意：首先，要针对存在的问题分析原因；其次，分析原因要展示问题的全貌；再次，分析原因要彻底。

⑤ 确定主要原因。通过分析原因，分析出有可能影响问题的原因有很多个，要对诸多原因进行鉴别，把主要原因找出来，将目前状态良好、对存在问题影响不大的原因排除掉，以便集中人力、物力、时间解决主要问题。

⑥ 制定对策。对策应由不同的组员提出和负责。对策要针对主要原因提出，要具有有效性、实施性、长期性，还要做到量力而行。按 5W2H 的原则制定对策表。

⑦ 按对策实施。对策制定完毕，小组成员就要严格按对策表列出的改进措施计划加以实施。在实施过程中，组长除了要完成自己负责的对策外，还要定期检查小组工作的实施进程。首先，要做到严格按对策计划行事；其次，要保持经常性和全员性；再次，必要时应修改对策，并注意记录和检查。

⑧ 检查效果。效果体现在两个方面：一是将对策实施后数据与对策实施前数据进行对比，检查对策实施后的效果；二是将对策实施后达到的目标与设定的目标进行比较，检查项目的总体效果。

检查结果存在两种可能：一是实施有效，按流程继续下一个步骤；二是实施未达到预期效果，要返回第④步，重新进行原因分析，继续流程。

⑨ 制定巩固措施。取得效果后，要把效果维持下去，并防止问题再发生。

⑩ 总结和下一步打算。可从以下几个方面进行总结：本活动解决了哪些问题？还存在哪些问题？本项目还有哪些无形的效果？在活动实施过程中有哪些体会和不足？下一次活动要解决的问题是什么？

按PDCA循环的原理，可将十个步骤分为四个阶段：选择课题、现场调查、设定目标、分析原因、确定主要原因及制定对策六个步骤可归为计划阶段（P）；按对策实施可归为实施阶段（D）；检查效果可归为检查阶段（C）；制定巩固措施、总结和下一步打算两个步骤可归为改进阶段（A）。

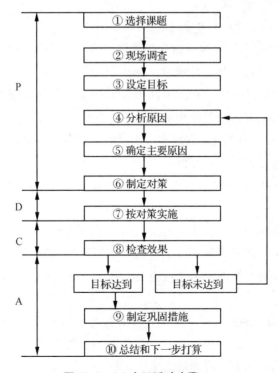

图10-4　QC小组活动步骤

四、现场成本控制

现场成本控制是产品制造过程中对人力资源消耗、物质资源消耗和各种费用支出的控制，它是企业成本控制的组成部分。

（一）现场成本控制的内容与活动

现场成本控制不仅要依靠现场管理员，还必须依靠现场的生产工人，按其各自所负责的成本控制目标，对现场的各种实际消耗进行控制。

1. 现场成本控制的内容

现场成本控制的内容主要有：

（1）控制人力资源消耗。对生产过程中的人力资源消耗，要控制劳动定员、劳动定额、出勤率、加班加点等。要及时发现和解决人员安排不合理、派工不恰当、生产时紧时松、停工等问题。

（2）控制物质资源消耗。生产过程中的物质资源消耗包括各种原材料、辅料和机具的消耗。控制材料消耗，应在领取、入库出库、投料用料、补料退料和废料回收等环节上严格管理，坚持按定额用料，加强计量检测，及时发现和解决用料不节约、出入库不计量、生产中超定额用料和废品率高等问题。

（3）控制各种费用开支。对生产经营活动中的各种费用开支，要从数量上及开支的用途、时间、作用上进行控制，使各种费用在最有利的时机开支，并符合规定，同时要建立费用开支的审批制度。

2. 现场成本控制的基本活动

（1）改进质量。改进质量，将会带动成本降低。这里的质量是指管理人员及员工工作过程的质量。改进工作质量，会使错误更少，不合格品及返工品更少，缩短交货时间及减少资源耗用，因而降低了营运总成本。

（2）改进生产力。以较少的投入，生产出相同的产出时，生产力就改进了。这里的投入指人力资源、设施和材料等。

（3）降低库存。库存占用空间，且产生了搬运和储存的需求，占用了大量资产，故必须尽可能降低库存。

（4）缩短生产交期。交期是从企业支付购进材料及耗材开始，到企业收到售出货物的货款为止的时间。因此，交期代表了资金的周转，较短的交期意味着较高的资源周转率。

（5）减少空间。企业应通过缩短生产线，把分离的工作站并入主体生产线，降低库存，减少搬运，以此来减少空间的需求。

（6）减少机器停机时间。机器停机会中断生产活动，会产生过多的在制品、过多的库存及过多的修理工作，产品质量也受损害。

在现场，降低成本的最佳方法是剔除过度的耗用资源。为了降低成本，必须同时实施上述六项活动,但以改进质量最为重要,其余的可视为广义的改进质量的一部分。因此,现场成本控制的活动必须以改进质量为中心。

(二) 现场成本控制的流程

1. 完善现场基础工作

现场成本控制是一项具体、细致而又涉及面广的工作。现场管理员必须掌握完善扎实的基础工作知识,主要工作包括定额工作、内部价格工作、原始记录、计量检测工作、标准化工作、建立各项规章制度的工作等。

(1) 定额工作。

定额是企业在一定生产技术和生产组织条件下,各种人力、物力、财力的消耗、占用和利用程度所应达到的数量界限。它是现场成本控制的前提条件。定额工作包括各种技术经济定额的制定、执行与管理。

(2) 内部价格工作。

企业内部有许多核算单位,不同核算单位之间及生产现场与企业其他部门之间有着许多生产上、财务上的联系和往来,为了有效地控制现场成本,必须把这些往来根据"商品交换"的原则进行结算,这就要求企业制定各种内部价格,以此进行交换。

(3) 原始记录。

原始记录又称原始凭证。它是按照规定的格式,用数字或文字对企业生产经营活动中的具体事实所做的最初记录,是企业经营活动的第一手资料。原始记录一般包括产品产量方面的原始记录、产品质量方面的原始记录,以及工时利用、原材料消耗、设备维修、费用收支等方面的原始记录。

(4) 计量检测工作。

计量检测工作是确定原始记录中各种数据的依据。如果没有精确的计量,原始记录就不可能提供准确的数据。

(5) 标准化工作。

标准化工作包括生产现场各种技术标准和管理标准的制定、执行和考核。

(6) 建立各项规章制度的工作。

生产现场的规章制度,是现场员工从事各项生产经营活动应共同遵守的准则。它包括各种生产技术规程、管理工作制度和各种形式的经济责任制。

2. 划分成本控制责任单位

(1) 划分原则。把握以下三个划分原则:

① 责任单位是生产过程中一个独立的投入、产出单元。

② 责任单位可以单独计算投入量和产出量。

③ 责任单位可以通过自身的控制来影响投入量和产出量的比例。

(2) 确定类型。成本控制责任单位有以下五种类型:

① 不同产品的成本控制责任单位。

② 不同工艺阶段的成本控制责任单位。
③ 不同成本影响因素的成本控制责任单位。
④ 不同成本项目的成本控制责任单位。
⑤ 工序生产过程中最基本的成本控制责任单位或责任点。

（3）分清层次。成本控制责任单位可分为三个层次：
① 以车间主任和车间职能组织为主体的车间级。
② 以按工艺原则或对象原则划分的、由多工程或多工序组成的工段或班组级。
③ 以每道工序为主体的最基层的成本控制责任单位或责任点。

3．确定和分解现场成本控制目标

现场成本控制目标是根据企业成本控制大目标分解而成的，包括每种产品和组成产品的各种零部件的成本目标，以及各种资源消耗的定额、费用支出标准等的成本控制目标。

现场成本控制目标的确定和分解，通常是将综合目标分解为单项目标，把大目标分解为小目标，它是以各种消耗定额、标准、内部价格等为基础，把上一级的成本目标分解成生产现场及其内部各成本控制单位的具体目标。

4．监督现场成本形成过程

监督现场成本的形成首先要建立现场费用台账。

5．纠正现场成本偏差

现场管理员发现现场成本偏差后，要分析确定偏差的性质、程度，查明产生偏差的原因，并采取措施。

五、现场安全管理

现场必须安全，只有安全的现场才能促进生产，现场管理者必须通过加强安全生产管理来营造一个安全的现场。现场安全生产管理是指企业运用安全生产知识制定科学的、合理的、行之有效的各种安全生产管理制度，预防各种事故，控制职业病和职业中毒的发生。

（一）现场安全生产管理的内容与原则

1．现场安全生产管理的特点
（1）以预防事故为中心。
（2）从总体出发，实行系统安全管理。把安全管理引申到整个工程的安全论证、设计、审核、制造、试制投产、生产运行、维护保养和产品使用的全过程。
（3）考虑人-机因素。既考虑物的因素，也考虑人的因素，建立人-机-环境系统。
（4）全面分析安全状况。对安全既要进行定性分析，也要尽量进行定量分析，为安全管理、分析评价和最优方案提供科学依据。
（5）采取综合措施预防事故。

（6）安全与效益并重。

2. 现场安全生产管理的内容

（1）贯彻安全制度。现场安全生产要靠安全制度来保证，安全制度是现场职工必须遵守的行为规范。

（2）推广现代安全管理方法。

（3）开展安全生产自查、互查。

（4）抓好现场安全教育。

（5）抓好事故处理。现场发生事故后，应做好报告、抢救、保护现场、协助调查与分析四项工作。

3. 现场安全生产管理的原则

（1）计划性原则。

（2）整体性原则。

（3）全面管理原则。

（4）责任制原则。

（5）效果原则。

（6）单项解决原则。

（7）批评教育和惩罚相结合原则。

（8）提高人员素质原则。

（二）现场安全教育

1. 内容

（1）安全生产意识教育，包括安全生产方针、政策、法规教育，劳动纪律和制度教育，以及经常性思想工作。

（2）安全技术知识教育。

（3）工业卫生技术教育。工业卫生技术是防止由环境中生产性有毒、有害因素引起劳动者的机体病变，导致职业病而采取的技术措施。

2. 三级安全教育

三级安全教育是指企业对新进作业人员进行安全生产的厂级安全教育、车间安全教育和班组安全教育。三级安全教育是企业必须坚持的安全生产教育的基本形式。

（三）现场安全检查

现场安全检查是推动企业贯彻执行劳动保护政策、法规、标准，及时发现和解决安全生产和工业卫生方面存在的各种问题，加强宣传教育，不断改进管理工作的重要方法。

现场安全检查的内容主要有：查思想，查规章制度，查生产设施与器具。

（四）现场安全事故预防与处理

1. 预防

现场安全事故预防包括用电事故的预防、静电危害的预防、锅炉事故的预防、压力容器事故的预防、起重事故的预防、冲压安全事故的预防、火灾的预防、爆炸灾害的预防。

2．处理

（1）发生事故要立即报告。

（2）发生重大事故，在立即报告的同时要保护好现场。

（3）事故发生后，要本着"三不放过"的原则，认真查清事故的原因、责任，吸取教训，制定出改进措施，避免事故再次发生。

六、现场设备管理

现场设备管理是指对现场所使用的设备，从正式移交生产现场投入生产开始到设备的操作、运行、维护、保养，直到报废或调出为止的全过程所进行的一系列组织管理工作。

现场设备管理的主要内容包括：根据设备的性能，正确地使用设备；及时做好设备的维护、保养工作；建立和执行设备管理规程、安全操作规程与岗位责任制等；及时向主管部门提出并报送设备维修计划的建议，配合检测部门执行设备计划预防检修制度；合理安排运行和停歇，做好设备运行使用记录，不断提高设备利用效率和生产能力。

（一）现场设备点检

现场设备点检是指按照一定标准、一定周期对设备规定的部位进行检查，以便及早发现设备故障隐患，及时加以修理、调整，使设备保持其规定功能的一种设备检查与维护方法。

设备点检比设备检查更为深刻、广泛，是一种制度和管理方法，是全员设备管理（TPM）的重要内容。设备点检是重要的维修活动信息源，是做好修理准备、安排好修理计划的基础，是现场设备管理的中心。

这里的"点"，是指设备的关键部位。通过检查这些"点"，能及时、准确地获得设备技术状况的有关信息。

设备点检的要点是：实行全员管理，专职点检员按区域分工管理。

按照点检的周期和业务范围，点检分为：

1．日常点检

日常点检是指由设备操作工或维修工每日执行的对易于引起和发生故障的部位、机构、机件的例行维护作业。检查的方法是：利用人的感官、简单工具或装在设备上的仪表和信号标志，如压力、温度、电流、电压的检测仪表和油标等来感知和观测。

2．定期点检

定期点检是指以专业维修工为主，操作工参加，定期对设备进行的检查，记录设备异常、损坏及磨损情况，确定修理部位、需更换的零件、修理类别和时间，以便安排修理计划。

3. 专项点检

专项点检是指由专职维修工及技术人员针对某些特定的项目,如设备的精度、某项或某些功能参数等进行的定期或不定期的检查测定。

(二)现场设备运行管理

现场设备运行管理是指机器设备由操作者在设备运行过程中所进行的设备管理,包括以下内容:

(1)制定设备操作规程。

(2)建立设备交接班制度。

(3)强化设备使用岗位责任制。

(4)培训班组设备员。

七、现场劳动管理

现场劳动管理是企业劳动管理的基础,是现场管理者的重要工作内容。现场劳动管理涉及劳动定员、劳动定额、劳动纪律、劳动组织、劳动技能等方面的管理。

(一)劳动定员管理

现场劳动定员管理的基本要求是科学地组织员工进行生产作业,合理使用劳动力,采用先进的劳动组织形式,正确处理劳动过程中的分工协作关系,从而调动劳动者的积极性,不断提高劳动生产率。

1. 劳动定员的作用

劳动定员是企业的一项重要基础工作。搞好定员工作,对于提高劳动生产率有重要意义。具体如下:

(1)劳动定员为企业及其作业现场规定了各类人员的配备数量标准,使之在用人方面能够做到心中有数,做到在保证生产需要的前提下,合理配备人员,节约使用劳动力,并根据生产情况的发展和变化,相应调整劳动力。

(2)劳动定员是按照一定劳动效率要求确定的劳动需要量标准,因而它也是企业编制劳动计划的基础。

(3)劳动定员有助于企业进行劳动力的平衡和余缺调剂,有助于节约劳动力和提高工作效率。

(4)劳动定员有助于企业改善劳动组织,巩固劳动纪律,建立健全岗位责任制,做到定编定员,防止出现人浮于事、工作效率低等现象。

(5)对于新企业,劳动定员有助于企业有计划地、合理地调配各类人员。

2. 劳动定员的方法

由于企业各类人员的工作性质不同,总的工作量和各人劳动效率表现形式不同,影响定员的因素不同,确定定员的方法也各不相同。

(1)劳动效率定员法。劳动效率定员法是指根据工作量和劳动定额计算定员的方法,适用于一切能用劳动定额表现生产工作量的工作或岗位，计算公式如下：

定员人数＝生产任务÷（工人劳动效率×出勤率）

（2）设备定员法。设备定员法是指根据完成一定的生产任务所必须开动的设备台数和班次，以及单机设备定员计算编制定员的方法，适用于操纵设备作业工种的定员。

（3）岗位定员法。岗位定员法是指按岗位定员、标准工作班次和岗位数计算编制定员的方法。

（4）职责定员法。职责定员法是指按照既定的组织机构和职责范围，以及机构内部的业务和岗位职责确定人员的方法。

3．劳动定员的实施

劳动定员制定以后，重要的是认真贯彻执行，使定员在企业管理中充分发挥其积极作用。因此，必须充分考虑加强定员管理工作，应抓好以下几个环节：

（1）提高认识，认真执行。

（2）建立健全有关管理制度。

定员管理不是孤立的，它与企业的各种规章制度特别是劳动力管理制度紧密相连。必须建立健全用人制度、劳动计算管理制度、工资基金管理制度、员工的考勤、请假和奖惩等各项制度，并对员工的招聘、录用、调动、退休等做出统一的规定，这是贯彻实施编制定员的重要保证。

（3）妥善安排富余人员。

（4）定期研究和修订标准。

（5）做好基础资料分析工作，包括做好月度组织机构各类人员运用情况报表的统计分析工作，做好月度生产工人产品人工消耗和工时利用率报表的统计分析工作，做好月度考勤报表的分析工作。

（6）加强监督检查。

（二）劳动定额管理

劳动定额管理的基本要求是采用先进合理的定额，实现生产过程及产量的标准化，进一步降低劳动消耗，提高劳动效率和劳动生产率，促进和保证生产作业的完成。

1．劳动定额的作用

劳动定额是指在一定的生产技术和生产组织的条件下，为生产一定数量的产品或完成一定量的工作所规定的必要劳动消耗量的标准。劳动定额是提高劳动生产率的重要手段之一，它的作用主要有以下几点：

（1）劳动定额是计划管理的依据。编制生产计划、劳动计划，生产指标从厂部层层落实到车间、现场及个人，都需要参照劳动定额。

（2）劳动定额是组织生产的依据。先进合理的劳动定额是核算和配备生产过程中各工序的工人和设备数量的基础。

（3）劳动定额是经济核算的依据。劳动定额是核算劳动消耗、计算人工费用、确定计划成本、控制成本的依据之一。

（4）劳动定额是按劳分配的依据。劳动定额可用作考核业绩、计算资金，还可计算计件单价。

（5）劳动定额是竞赛评比的依据。

2. 劳动定额的形式

（1）产量定额：工人在单位时间内应当完成的合格产品数量。其计算公式如下：

$$产量定额 = 产品数量 \div 生产产品所消耗的劳动时间$$

（2）工时定额：工人生产单位合格产品所必须消耗的时间。其计算公式如下：

$$工时定额 = 生产产品所消耗的劳动时间 \div 产品数量$$

这两种劳动定额在数值上成反比关系，即互为倒数。

（3）看管定额：一个工人或一组工人能同时看管机器设备的台数。

（4）服务定额：服务性现场、集体或个人在一定时间内服务的数量。

3. 劳动定额的制定方法

（1）经验估计法。

由定额人员、技术人员和老工人组成估计小组，根据产品设计图纸、工艺规程、工装条件、设备状况及生产组织形式，凭经验来估计工时定额。

这一方法简便易行、工作量小、制定定额快，但定额的准确性较差。其主要用于多品种小批量生产、单件生产、新产品试制、临时性生产等情况。

（2）统计分析法。

根据过去同类型产品的实际工时消耗的统计资料，结合分析当前生产条件的变化情况制定定额。

它比经验估计法更能反映实际情况，但由于依据的是过去的统计资料，会使定额水平不够先进合理。

（3）技术测定法。

在分析研究生产技术组织条件和挖掘生产潜力的基础上对组成定额的各部分时间，通过实际观测或分析计算制定定额。

它比较科学，有一定的技术依据，准确、平衡。但由于其工作量太大，只适用于品种少、生产稳定或机械化的大批量生产中。

4. 工时消耗分析

工时消耗分析是指对工人在整个工作日内的实际时间消耗进行系统的分析，并对每一项时间消耗按其性质和作用进行科学的分类。

工时消耗分析的目的是消除不必要的时间消耗，为制定先进合理的劳动定额提供依据。

工时消耗可分为：

（1）工作时间：工人用于生产活动所必需的有效劳动时间。它由作业时间、布置工作场地时间、准备与结束时间三部分组成。

（2）中断时间：工人在工作班次内因种种原因停顿下来没有进行工作所消耗的时间，又包括合理时间和不合理时间。

（3）非工作时间：工人在正常生产活动中，从事不必要的无效劳动或做本职任务以外的工作所消耗的时间。

（三）劳动纪律管理

现场劳动纪律是现场人员在共同劳动中必须遵守的规则和秩序。这种规则和秩序，要求每个现场成员按照规定的时间、程序和方法去完成自己应当承担的工作任务。

现场劳动纪律包含如下内容：

（1）组织纪律。要求每个现场成员必须坚决服从命令听指挥，做到个人服从组织，下级服从上级。

（2）操作纪律。根据客观自然规律即生产规律的要求，对现场生产、技术、工艺等方面提出的必须遵循的操作规范。

（3）工作时间纪律。

（4）技术纪律。遵守工艺纪律，执行工艺规程和安全操作规程。

思考题

1. 什么是现场管理，它有哪些特点？
2. 现场管理的内容有哪些？
3. 现场管理的基本原则是什么？
4. 什么是现场管理的目标？
5. 什么是工业工程？
6. 什么是5S管理？
7. 如何建立质量保证体系？
8. 怎样开展质量控制小组活动？
9. 为了提高质量管理，你认为应做好哪些基础工作？
10. 现场成本控制包括哪些内容？
11. 现场成本控制的基本流程是什么？
12. 怎样才能做好现场成本控制的基础工作？
13. 现场安全生产管理的内容有哪些？
14. 现场安全检查包括哪些内容？
15. 现场发生事故时应如何处理？
16. 现场设备点检有哪几种类型？
17. 劳动定额有哪些类型？
18. 劳动定额有哪些作用？

参考文献

[1] 斯蒂芬·罗宾斯，玛丽·库尔特．管理学[M]．刘刚，程熙镕，梁晗，等译．13版．北京：中国人民大学出版社，2017.

[2] 张坚．质量管理实战：方法、技巧与工具一本就够[M]．北京：人民邮电出版社，2021.

[3] 张凤荣．质量管理与控制[M]．2版．北京：机械工业出版社，2011.

[4] 王关义，刘益，刘彤，等．现代企业管理[M]．5版．北京：清华大学出版社，2019.

[5] 罗芳，龙春彦．企业管理指导手册[M]．北京：中国铁道出版社，2020.

[6] 李东进，秦勇，陈爽．现代企业管理：理论、案例与实践（微课版）[M]．北京：人民邮电出版社，2018.

[7] 潘先弟，乔金浩，李华．企业管理：高绩效企业基本要素[M]．西安：西安电子科技大学出版社，2014.

[8] 任佩瑜，曾玉成．现代企业管理学[M]．2版．北京：科学出版社，2021.

[9] 梁迪，张天瑞．现代制造企业管理基础[M]．北京：清华大学出版社，2018.

[10] 石宇强，朱伏平．制造企业管理基础[M]．北京：科学出版社，2017.

[11] 苏文忠．归零成本管理：生产制造企业系统化运作模式[M]．北京：北京大学出版社，2012.

[12] 翟光明．制造企业物料控制与仓储管理[M]．2版．北京：中国劳动社会保障出版社，2015.

[13] 中国质量协会．中国制造业企业质量管理蓝皮书（2018）[M]．北京：人民出版社，2019.

[14] 陈旭东，谢进栋．现代企业车间管理[M]．3版．北京：北京交通大学出版社，2019.

[15] 吴拓．现代企业车间管理[M]．北京：机械工业出版社，2019.

[16] 曹英耀，李志坚，曹曙．现代企业车间管理[M]．2版．广州：中山大学出版社，2016.